edition *hebamme*

Bettina Salis

Ratgeber für den Einstieg in die Freiberuflichkeit

Unter Mitarbeit von
Olaf Hansen

Hippokrates Verlag · Stuttgart

Die Deutsche Bibliothek CIP-Einheitsaufnahme

Ein Titeldatensatz für diese Publikation ist bei
Der Deutschen Bibliothek erhältlich

Anschrift der Autorin:
Bettina Salis
Hebamme/Journalistin
Große Brunnenstr. 50
22763 Hamburg

Wichtiger Hinweis: Wie jede Wissenschaft ist die Medizin ständigen Entwicklungen unterworfen. Forschung und klinische Erfahrung erweitern unsere Erkenntnisse, insbesondere was Behandlung und medikamentöse Therapie anbelangt. Soweit in diesem Werk eine Dosierung oder eine Applikation erwähnt wird, darf der Leser zwar darauf vertrauen, dass Autoren, Herausgeber und Verlag große Sorgfalt darauf verwandt haben, dass diese Angabe dem **Wissensstand bei Fertigstellung des Werkes** entspricht.

Für Angaben über Dosierungsanweisungen und Applikationsformen kann vom Verlag jedoch keine Gewähr übernommen werden. **Jeder Benutzer ist angehalten,** durch sorgfältige Prüfung der Beipackzettel der verwendeten Präparate und gegebenenfalls nach Konsultation eines Spezialisten festzustellen, ob die dort gegebene Empfehlung für Dosierungen oder die Beachtung von Kontraindikationen gegenüber der Angabe in diesem Buch abweicht. Eine solche Prüfung ist besonders wichtig bei selten verwendeten Präparaten oder solchen, die neu auf den Markt gebracht worden sind. **Jede Dosierung oder Applikation erfolgt auf eigene Gefahr des Benutzers.** Autoren und Verlag appellieren an jeden Benutzer, ihm etwa auffallende Ungenauigkeiten dem Verlag mitzuteilen.

Geschützte Warennamen werden **nicht** besonders kenntlich gemacht. Aus dem Fehlen eines solchen Hinweises kann also nicht geschlossen werden, dass es sich um einen freien Warennamen handelt.

ISBN 3-7773-1935-X

© Hippokrates Verlag GmbH, Stuttgart 2001

Unsere Homepage: www.hippokrates.de

Printed in Germany 2001

Vordergrundmotiv: Ute von der Horst, Hamburg
Hintergrundmotiv: Stone, München
Satz: Photocomposition Jung, F-67420 Plaine
Druck: Zechner Datenservice und Druck, D-67346 Speyer

Inhalt

Vorweg ein paar Worte

Kaum ein Beruf eignet sich so gut dazu, sich selbstständig zu machen, wie der der Hebamme, kaum einer bietet so viele verschiedene Variationsmöglichkeiten: nur Kurse oder nur Wochenbettbesuche oder beides zusammen oder Hausgeburten…

Freiberuflichkeit ist möglich als Vollzeitbeschäftigung, neben dem Studium, während des Erziehungsurlaubes, neben der Kliniktätigkeit oder oder oder…

Doch auch äußere Zwänge, wie Stellenkürzungen, verlangen von manch einer Hebamme den Schritt in die Selbstständigkeit. Die eine geht's beherzt an und legt los, die andere fühlt sich wohler, wenn sie die Freiberuflichkeit gut planen und so einigermaßen abschätzen kann, was auf sie zukommen wird.

Als ich mich Anfang der 80er Jahre als Hausgeburts-Hebamme selbstständig machte, habe ich, gemeinsam mit einer Kollegin, einfach angefangen – fast ohne Berufserfahrung. Wir kauften ein Sonicaid, ein unhandliches Eurosignal (damals steckte die Kommunikationstechnologie noch in den Kinderschuhen), bestellten je einen Abrechnungsblock und richteten ein gemeinsames Konto ein – und nach einiger Diskussion schafften wir uns auch noch einen Ambubeutel an. Geburtsbestecke und sonstige Ausrüstung bekamen wir von einer Hebamme im Ruhestand. Einen ersten Stempel leisteten wir uns nach neun Monaten; eigenes Praxis-Briefpapier hatten wir nie.

So fingen wir an. Ohne Konzept, ohne Planung – ohne Angst.

Gut zehn Jahre später gehörte ich zu der Gründerinnengruppe des Geburtshauses in Hamburg. Der Eröffnung im September 1992 gingen etwas mehr als zwei Jahre Planung voraus: Finanzkonzept, inhaltliches Konzept, Planung der Ausstattung, Risikokatalog, Supervision und so weiter und so fort.

Beide Versionen der Existenzgründung haben ihren Charme; und beide verlangen vor allem eines: Entschlossenheit.

Hätte ich mir zu Beginn meiner Hausgeburten-Tätigkeiten genauer überlegt, was da auf mich zukommt, ich hätte wohl nie damit begonnen. Und doch möchte ich diese wertvollen Erfahrungen nicht missen. Andererseits kenne ich einige Kolleginnen, die mit einer Freiberuflichkeit liebäugelten, aber nie den Schritt wagten, weil ihnen konkrete Informationen für eine Planung fehlten. Mögliche Fallen zu kennen oder im Vorfeld ausschließen zu können, ist für viele wichtig, damit sie eine eigene Praxis eröffnen können.

Jede Kollegin ist wie sie ist: Die eine will einfach anfangen und sich nicht lange mit Planen aufhalten und die andere möchte sich so gut es geht vor unnötigem Unbill schützen. Wie immer Sie veranlagt sind: Gehen Sie Ihren eigenen Weg. Natürlich gibt es im Vorfeld der Selbstständigkeit ein Pflichtprogramm: Berufsgenossenschaft, Krankenkasse und so weiter; aber es gibt auch eine Kür: Finanzplan, Konzept und Ähnliches.

Das Thema Existenzgründung ist ausgesprochen komplex, und für jede Gründung einer freien Hebammenpraxis – egal ob alleine oder mit mehreren – gelten eigene Regeln. Alle Facetten gründlich auszuleuchten ist in so einem Ratgeber unmöglich – vieles kann nur angesprochen, aber nicht in aller Ausführlichkeit behandelt werden.

Mein Anliegen mit diesem Buch ist es, Sie auf Ihrem Weg in die Freiberuflichkeit zu begleiten und Ihnen seine Bedeutung in all seiner Vielseitigkeit aufzuzeigen – mit seiner himmlischen und seiner teuflischen Seite; sodass Sie entscheiden können, ob und – wenn „ja" – wie Sie ihn gehen wollen.

Anmerkungen zur Schreibweise

Ja, ich weiß: Es gibt auch Entbindungspfleger. Da sie aber eindeutig in der Minderheit sind, spreche ich im Text von Hebammen, auch wenn Hebammen und Entbindungspfleger gemeint sind. Ferner habe ich mich – wenn auch schweren Herzens – dazu entschieden, „Ärzte" zu schreiben, auch wenn ich „Ärztinnen und Ärzte" meine, „Gynäkologen", wenn ich „Gynäkologinnen und Gynäkologen" meine; und so fort. Das dient der besseren Lesbarkeit.

Auch spreche ich im folgenden Text von der „zu betreuenden Familie" oder den „Eltern". Das umfasst ebenso ein einzelnes Mutter-Kind-Paar, wie auch Vater-Mutter-Kind, ein Frauenpaar mit Kind, eine Kommune oder jede andere Konstellation die rund um Geburt die Funktion einer Familie innehat.

Die neue Währung: der Euro

Noch ein halbes Jahr vor der Umstellung von der Deutschen Mark zum Euro war es schwierig, Zahlen über Tarife, Beiträge und Gebühren in Euro zu erhalten. Deswegen habe ich teilweise auf Angaben in Euro verzichtet – an anderen Stellen sind die Euro-Beträge geschätzt und gerundet. Lediglich für die Gebührenordnung lagen Euro-Beträge vor.

Dank

Und schließlich möchte ich mich herzlich bedanken bei Telse Dieberitz, BDH-Beauftragte für die Berufsgenossenschaft, die mir wertvolle Tipps gab und bei Ursula Schroth, Vorsitzende der Gutachterkommission des BDH, für das lange und informative Gespräch, sowie bei Prof. Dr. Harald Horschitz, Justiziar des BDH dafür, dass er mir geduldig meine Fragen beantwortete. Ganz besonderer Dank geht an Henriette Thomas von der Geschäftsstelle des BDH, die ich jederzeit alles fragen konnte und die mich gut mit Wissen und Material versorgte, und an Ilse Hörwick und Maritta Schoepe vom Geburtshaus Hamburg e.V.; sie bereicherten das Manuskript vor dem Hintergrund ihrer reichhaltigen Erfahrung mit ihrem Wissen. Susanne Kazemieh von der FrauenFinanzGruppe in Hamburg hatte jede Menge wertvolle Tipps rund um Versicherung und Versorgung von Hebammen, und meine Steuerberaterin Lilo Rensner hat mich in Sachen Steuern, wie immer, gut beraten. Vielen Dank. Und schließlich geht noch ein dickes Dankeschön an Nina Drexelius, Katharina Kerlen-Petri und Uta Taubert für die Durchsicht des Manuskriptes, die teilweise amüsanten Bemerkungen und die konstruktive Kritik, und an Ute von der Horst für eine spontane Fotosession.

Bettina Salis

1. Arbeitsbereiche für freiberufliche Hebammen

„Hebamme: mehr als nur Geburtshilfe" steht sehr treffend auf einer Plakette, die sehr viele Hebammen-Autos ziert; zumindest in Hamburg ist das so. Schwangerschaft, Geburt, frühes und spätes Wochenbett – das alles und noch viel mehr umfasst die Arbeit der Hebamme.

> Die Hebamme darf alles anbieten und auch abrechnen, was in der Hebammen-Gebührenverordnung aufgeführt ist (immerhin 42 Positionen).

Darüber hinaus kann sie Angebote machen, die sie privat mit den Frauen und Paaren abrechnet.

Mit wachsendem Selbstbewusstsein wird das Tätigkeitsfeld der Hebammen größer. So wird auch die Schwangerenvorsorge immer selbstverständlicher ein Bestandteil des Angebotes. Um auf dem Laufenden zu bleiben ist es vor allem für freiberuflich tätige Hebammen wichtig, sich regelmäßig fortzubilden[1] – und das nicht nur, weil die Berufsordnungen der Länder das vorschreiben – und regelmäßig die Fachpresse zu lesen. Außerdem ist es sehr zu empfehlen, bei der geplanten Aufnahme einer freiberuflichen Tätigkeit bei selbstständigen Kolleginnen zu hospitieren oder ein Praktikum zu machen (beziehungsweise in der Beleg-Klinik), denn es gibt Arbeitsbereiche in der Freiberuflichkeit, die in der Ausbildung nicht vermittelt werden und die auch nicht Bestandteil des Klinikalltags sind.

Überschneidungen mit anderen Berufsgruppen

Manchmal – aber nicht immer – gibt es Probleme, denn die Hebamme muss sich viele Arbeitsbereiche mit anderen Berufsgruppen teilen:
- Krankengymnastinnen bieten Rückbildungs- oder Babymassagekurse an;
- Geburtsvorbereiterinnen bieten Vorbereitungskurse an;
- in Familienbildungseinrichtungen werden Babypflegekurse von Gemeindeschwestern oder Kinderkrankenschwestern geleitet;
- Still- und Laktationsberaterinnen betreuen stillende Mütter;
- Gynäkologen bieten Schwangerenvorsorge für gesunde Schwangere an.

In der **Geburtshilfe** ist die Zuständigkeit allerdings klar geregelt – in der außerklinischen allemal[2]. Betreuung von Geburten ist und bleibt das Herzstück der Hebammenarbeit. Hier gibt es mehrere Möglichkeiten: Hausgeburt, Beleggeburt, Praxisgeburt und – je nach Modell – auch die Geburtshausgeburt.

---

[1] Die Fortbildungspflicht ist – unterschiedlich ausführlich – in den jeweiligen Landesgesetzen geregelt.
[2] Siehe auch Hebammengesetz §4, Vorbehaltene Tätigkeiten (S. 114)

Hausgeburten

Das „Sahnestückchen"

Für mich – und das möchte ich an dieser Stelle betonen: für mich! – ist die Hausgeburt das Sahnestückchen des Berufes. Sie ist im wahrsten Sinne schrecklich schön!

> Dieses Sahnestückchen muss sich die Hebamme allerdings teuer erkaufen: mit Dauerrufbereitschaft und dem unglaublichen Druck der alleinigen Verantwortung.

Ich war sozusagen jahrelang auf Droge – lief permanent mit einem leicht erhöhten Adrenalin- und nach einer Geburt auch Endorphinspiegel herum. Aber das habe ich erst „danach" realisiert.

Mit einem recht konstanten Anteil von zwei Prozent aller Geburten in Deutschland (es gibt auch Statistiken, die sprechen von weniger als 1%) kommt der Hausgeburt rein nummerisch eher eine Randstellung zu. Gleichzeitig gibt es immer wieder Vorstöße von ärztlichen Geburtshelfern und Neonatologen, die Hausgeburt zu verbieten. Hausgeburten sind nach wie vor in Fachkreisen umstritten. Frauen, die eine planen, und auch die betreuenden Hebammen, müssen immer noch damit rechnen, als verantwortungslos und potenzielle Kindsmörderinnen abgestempelt zu werden. Dabei belegen inzwischen diverse Studien, dass außerklinische Geburtshilfe – und somit auch die Hausgeburt – ebenso sicher ist wie die Geburt im Krankenhaus (s. Literaturliste, S. 150).

Zu Gast

Das Wesen der Hausgeburt ist, dass die werdende Mutter in ihrer vertrauten Umgebung bleibt; was ihr in der Regel ein enormes Selbstbewusstsein verschafft. Es ist immer wieder faszinierend zu sehen, wie schlicht eine Geburt sein kann.

Außerdem gibt es bei der Hausgeburt kaum Ablenkung vom Geschehen: keine weitere Geburt, keine CTGs auf Station, kein Telefonklingeln (das wird in der Regel leise gestellt).

Auch die Versorgung von Geschwisterkindern ist einfacher. Zwar sollten größere Kinder auch bei einer Hausgeburt unbedingt von einer erwachsenen Person betreut werden, aber die „Großen" können in ihrer häuslichen Umgebung besser regulieren, wie viel sie vom Geschehen mitbekommen wollen. Meine Erfahrung ist, dass die meisten „Großen" bis zu einem Alter von zehn bis elf Jahren es vorziehen, nicht dabei zu sein – aber auch nicht richtig weg sein wollen. Sie ziehen sich zum Spielen in ihr Zimmer zurück.

Ich erinnere mich an eine Situation, wo die Mutter – eine Zweitgebärende – unter den Wehen das ganze Haus zusammenschrie. Ihr 2-Jähriger schlief ungerührt im Zimmer nebenan. Erst als das Baby geboren war und ein zartes Weinen anstimmte, kam der kleine Junge aus sei-

nem Bettchen gekrochen. Er habe das Baby gehört und sei davon wach geworden. Er beteuerte mehrmals, erst vom Baby aufgewacht zu sein. Kinder wissen gut, wie sie sich schützen und was sie sich zutrauen können. In der vertrauten Umgebung ist das für sie noch selbstverständlicher.

Dauerrufbereitschaft

Wie bereits erwähnt, ist die Dauerrufbereitschaft bei Hausgeburten ein dicker Wermutstropfen: jede Stunde, jeden Tag, jede Woche, jeden Monat. Immer! Wenigstens dann, wenn es keine Kooperation mit Kolleginnen gibt.

Was Dauerrufbereitschaft bedeutet, kann man erst verstehen, wenn man sie mal gemacht hat. Keine verbindliche Verabredung ist möglich (immer kommt der Zusatz: „Wenn ich nicht zu einer Geburt muss."), ein Kinobesuch, ein deftiger Streit oder ein intimes Tete-a-tete mit dem Partner kann jäh unterbrochen werden, das Telefon muss so installiert werden, dass es „mit ins Bett" kann, Schlaf ist nicht planbar, Mahlzeiten manchmal auch nicht. Aus meiner Hausgeburten-Zeit habe ich noch die Angewohnheit, möglichst immer ein paar Äpfel im Haus zu haben. Die lassen sich gut zwischendrin verputzen und können auch mal nachts um vier die Lebensgeister wecken.

Gute Nerven und Gottvertrauen

Auch sollte die Hausgeburts-Hebamme eine gehörige Portion Vertrauen mitbringen: Vertrauen in die Kompetenz von Mutter und Kind, Vertrauen in den Vater, Vertrauen in die eigenen Fähigkeiten und so etwas wie Gottvertrauen. Dazu gehören neben einem sicheren geburtshilflichen Wissen auch die Gewissheit in Extremsituationen zu funktionieren und sich auf sich selbst verlassen zu können.

Es gibt Menschen, die werden hektisch und chaotisch, wenn es stressig wird, andere werden immer langsamer. Beides kann zum Problem werden.

Ein Beispiel: *Eine Erstpara blutete nach der Geburt verstärkt aus einem Gefäß in der Vulva, sodass sie immer wieder kollabierte – obwohl sie lag. Anstatt nun zügig diese sprudelnde Quelle zum Versiegen zu bringen, begann die anwesende Ärztin sehr umständlich alles zur Naht zu richten. Langsamer und gründlicher als sonst. Je mehr ich zum Handeln drängte, desto langsamer wurde sie. Meine Versuche, die Blutung durch Tamponieren vorerst zum Stehen zu bringen, wurden von der Ärztin abgewehrt. Also begnügte ich mich damit, die Frau mit Zuckerwasser zu füttern.*

Diese Erstarrung, dieses Wie-paralysiert-Sein, war der Mechanismus, mit dem die Ärztin auf Stress reagierte. Das hat die junge Mutter einiges Blut gekostet – und auch ich habe Blut und Wasser geschwitzt.

Gute Nerven sind also bei einer Hausgeburt von Vorteil. Denn trotz optimaler Ausrüstung kann ein Restrisiko – ebenso wie bei einer Klinikgeburt – niemals ausgeschlossen werden.

**Alleinige Verant-
wortung**

Bei einer Hausgeburt steht die Hebamme in der Regel alleine da, denn es ist nicht immer eine Ärztin oder ein Arzt anwesend. Außerdem muss die Hausgeburts-Hebamme immer damit rechnen, dass sich Hausgeburtsgegner auf sie stürzen, wenn etwas schief geht. Es gibt keinen Arzt, der über ihr in der Hierarchie steht, und keine Klinik, die sie schützt. Das ist Fluch und Segen zugleich.

Nach jeder Hausgeburt habe ich dem Himmel gedankt, dass alles glatt gelaufen ist. Dadurch, dass ich allein für das Gelingen verantwortlich war, wurde mir die große Bedeutung einer Geburt und die ihr innewohnende Gratwanderung immer wieder vor Augen geführt: Die Geburt ist der Anfang eines neuen Lebens. Und dafür, dass das gelingt, trug ich die Verantwortung. So kam nie Routine auf. Und ich sammelte wertvolle Erfahrungen.

Natürlich kann sich die Hebamme Entlastung verschaffen, indem sie mit einem Arzt oder einer Ärztin zusammen arbeitet. Aber erstens findet sich nicht immer jemand, und außerdem ist das auch nicht immer eine Hilfe.

Als ich anfing Hausgeburten zu betreuen, nahm ich mir fest vor – zumindest für die erste Zeit – immer einen Arzt zur Geburt hinzuzuziehen, zur eigenen Absicherung. Aber schon bei der zweiten Geburt traf ich auf einen Gynäkologen, der sehr verunsichert war, kalten Angstschweiß auf der Stirn hatte und nur Pathologisches zu sehen glaubte – obwohl es überhaupt keinen Anlass zur Sorge gab – sodass meine eigene Sicherheit zunehmend schwand. Bald wurde mir klar, dass die ärztliche Anwesenheit nicht in jedem Fall Schutz und Rückenstärkung bietet.

Mit der Zeit lernte ich, mit welchen Ärzten ich gut zusammen arbeiten konnte – und wen ich besser nicht zur Geburt rief.

Übrigens: Meistens blieb ich allein.

Da Hebammen inzwischen selber nähen dürfen, ist auch die Notwendigkeit, dass sich ein Arzt, wenigstens zur Naht, in Rufbereitschaft hält, nicht mehr gegeben. So tun sich zunehmend Hebammen zusammen und rufen sich gegenseitig. Das scheint das Modell für die Zukunft zu sein.

Manchmal ist es hilfreich, sich für die Zusammenarbeit Hilfe in Form einer Supervision zu holen (s. S. 31). So wird zum Beispiel unnötiger Energieverlust durch Kommunikationsprobleme vermieden.

**Rechtliche
Absicherung**

Zunehmend Bedeutung findet auch die rechtliche Absicherung bei einer Hausgeburt. So ist es ratsam, sich im Vorfeld von der Frau – und ihrem Partner – schriftlich bestätigen zu lassen, dass sie über die möglichen Risiken der außerklinischen Geburt aufgeklärt wurde (Kliniken haben das nicht nötig. Eigentlich ist das doch verwunderlich, oder?

Wie wär's, wenn dort die Frauen unterschreiben müssten: Im Falle eines hohen Arbeitsaufkommens können wir nicht für Ihre Sicherheit bürgen?). **Vordrucke über eine Aufklärungs- und Einverständniserklärung** gibt es über die Bestell-Listen des Hebammenforum, des Hebammeninfos oder der DHZ.

Die wachsende Bereitschaft, auch von Eltern, zu klagen, hat die Prämien für die **Berufshaftpflichtversicherung** für Hausgeburten in die Höhe getrieben[3]; nicht nur für Hebammen, sondern auch für Gynäkologen. Das ist ein wichtiger Grund, weshalb sich immer weniger Ärzte bereit erklären, zu einer Hausgeburt zu kommen. In England sind die Prämien so hoch, dass sich viele Hausgeburts-Hebammen so eine Versicherung gar nicht mehr leisten können – das kann zur Folge haben, dass sie auf Hausgeburten gänzlich verzichten oder ohne Versicherungsschutz arbeiten müssen.

Dokumentation in der Geburtshilfe

Richtlinien für die Dokumentation in der Geburtshilfe:

- **Lückenlose Anamnese** (Eigen-, Familien- und Schwangerschafts-Anamnese) – am besten mit Datum und Unterschrift
- **Vitalzeichen**: Blutdruck, Puls, Temperatur – während der Geburt alle vier Stunden, nach dem Blasensprung alle zwei Stunden.
- **Aufklärung**: Dokumentation der Aufklärung über Maßnahmen wie: Episiotomie, Prophylaxen und dergleichen. Lehnen Eltern bestimmte Maßnahmen ausdrücklich ab, muss das mit Datum und Uhrzeit festgehalten werden.
- **Allgemeinbefinden und Mobilität**: Zustandsbeschreibung (regelmäßig) der Gebärenden (müde, erschöpft, blass, unruhig, ängstlich und dergleichen) sowie eine Beschreibung der Haltungen (stehen, sitzen, liegen und so weiter), mit einem Hinweis, ob die Gebärende sie selbst eingenommen hat oder ob sie ihr empfohlen wurde – und wenn letzteres, warum.
- **Ein- und Ausfuhr**: Aufnahme von Nahrung und Getränken, Ausscheidungen (Urin, Stuhl) und Erbrechen
- **Herzton und Wehenkontrolle**: beim CTG mit Namen, Vornamen, Datum und Uhrzeit auf dem Streifen
- Vor allem das **Aufnahme-CTG** gründlich auswerten und beurteilen, da es hinsichtlich des weiteren Geburtsverlaufes einen hohen Stellenwert hat. Bei den **folgenden CTGs**, die nicht wesentlich vom Aufnahme-CTG abweichen, genügt eine einfache Notiz.

---

[3]   Der Versicherungsbeitrag bei der BDH-Gruppen-Versicherung liegt 2001 bei 880,– Mark pro Jahr; beim BfHD für freiberufliche Hebammen, die nur Hausgeburten (keine andere Geburtshilfe) machen, bei 400,– Euro zuzüglich 15% Steuer.

Für die Auswertung eines CTGs sind folgende Kriterien wichtig:
- Frequenz der kindlichen Herztöne
- Art der Oszillation
- (Nicht-)Vorhanden-Sein von Dezelerationen (Art!) und Akzelerationen
- Häufigkeit und Stärke der Wehentätigkeit

- Werden die Herztöne mit einem **Doptone oder** mit einem **Hörrohr** gehört, gilt:
  - während der Eröffnung (also deutlich unter der Geburt), alle 15 Minuten hören
  - während der Presswehen, nach (oder bei) jeder Wehe hören. Mindestens alle zwei Stunden sollte eine Beurteilung der Wehen erfolgen

- **Geburtsfortschritt**: Es müssen regelmäßig Angaben über den Fortschritt der Geburt, über innere und äußere Untersuchungen und deren Ergebnisse gemacht werden; also: Zervix-Befund, Muttermundweite und dessen Beschaffenheit, Einstellung des vorangehenden Teiles und Status der Fruchtblase, bzw. Farbe des Fruchtwassers. Auch der Zeitpunkt, an dem der Muttermund vollständig ist und der Höhenstand des Kopfes sind festzuhalten, ebenso der Beginn der Pressphase. Bei einer verlängerten Pressphase muss sowohl der Zustand der Frau, als auch der des Kindes sehr genau beschrieben werden

- Jede **Aufklärung und Beratung im Laufe der Geburt**

- Die **Hinzuziehung einer zweiten Hebamme oder eines Arztes**

- Jegliche **Verabreichung von Medikamenten**, die genaue Dosierung und Darreichungsform, sowie der Grund der Maßnahme. Das Gleiche gilt für Anwendungen wie Akupunktur, Fußreflexzonenmassage, Vollbad und dergleichen

- Und natürlich muss auch festgehalten werden, ob, und wenn ja wann und warum, ein **Arzt hinzugezogen** wurde.

- Bei einer **Verlegung** müssen der Grund, die Art und die einzelnen Schritte der Veranlassung der Verlegung dokumentiert werden.

- **Geburt**: Apgar, Datum, Geschlecht, Gewicht und dergleichen, sowie die Lage des Kindes und Auffälligkeiten bei dem Neugeborenen

- **Nachgeburtsperiode**: Uhrzeit der Plazentageburt, Blutverlust und der Höhenstand der Gebärmutter, bei einer verzögerten Plazentalösung werden alle getroffenen Maßnahmen schriftlich festgehalten.

- **Besonderheiten**: Häufig zu kontrollierende Werte (Bluthochdruck, starker Blutverlust oder vergleichbares) müssen gesondert vermerkt werden; desgleichen Besonderheiten wie: schwere Schulterentwicklung, Nabelschnurumschlingung, großer Dammriss oder andere große Geburtsverletzungen.

Vorbereitung

Wenn Sie sich für Hausgeburtshilfe entscheiden, dann sollten Sie unbedingt **regelmäßig Fortbildungen zu folgenden Themen** besuchen:

- Notfallmanagement in der außerklinischen Geburtshilfe (Reanimation, Atonie, Entwicklung von Beckenendlagen, Schulterdystokie und dergleichen)
- Bei Bedarf: Nähen von Epis und Rissen
- Dokumentation in der Geburtshilfe
- Falls Sie ein CTG haben: CTG-Auswertung

Gerade in punkto „**Notfälle**" befinden sich die Hausgeburts-Hebammen auf unsicherem Terrain, denn einerseits müssen sie im Ernstfall vieles beherrschen (also zum Beispiel in der Lage sein, eine Beckenendlage zu entwickeln, falls sich unvorhergesehener Weise herausstellt, dass ein Kind mit dem Po zuerst kommen will), und andererseits kommen bei Hausgeburten (schon allein wegen der geringen Anzahl an Geburten; aber auch wegen der Auswahl) sehr selten Notfall-Situationen vor. Es gibt also kaum die Möglichkeit, Routine zu erlangen. Aus diesem Grund ist es besonders wichtig, entsprechende Fortbildungen zum Auffrischen immer wieder zu besuchen – mindestens einmal pro Jahr!!

Wenn Sie zurzeit noch in der Klinik arbeiten, nehmen Sie fachlich alles mit, was Sie für die Hausgeburt brauchen werden: nähen Sie sooft es geht, hören Sie mit dem Holzrohr die kindlichen Herztöne, schulen Sie Ihre Hände bei äußeren Untersuchungen. Auf manches, was Ihnen in der Klinik selbstverständlich erscheint, können Sie später nicht mehr zurückgreifen.

Auch darüber, was Sie in Ihrem **Hebammenkoffer** mit sich führen wollen, sollten Sie sich im Vorfeld Gedanken machen. Denn letztendlich bestimmt die Ausstattung auch die Geburtshilfe. So müssen Sie nicht unbedingt ein CTG haben; regelmäßiges Hören mit dem Doptone oder einem Hörrohr reicht auch. Um sich juristisch abzusichern, muss nur sehr akkurat dokumentiert (s. S. 8) werden.

Wohin mit der Plazenta?

In der Klinik war es so schön einfach: Nach der Geburt kam die Plazenta in die Kühltruhe! Fertig! Und nun? Was tun mit der Plazenta bei einer Haus-, einer Praxis- oder Geburtshausgeburt? Den Haustieren überlassen oder einfach in den Müll schmeißen?

Die einfachste Lösung ist es, die Nachgeburt zu vergraben (wenn die Familie einen Garten hat) – schön tief, damit sie nicht von streunenden Hunden wieder ausgebuddelt wird. Ich habe auch einige Haustiere erlebt (Hunde und Katzen), die ganz wild auf die Plazenta waren (das ist nicht jedermanns Sache).

Und schließlich kursieren in manchen Büchern Rezepte zur festlichen Zubereitung der Plazenta (Angeblich das einzige Fleisch, das von Vegetariern gegessen wird, da es nicht mit Tod, sondern mit Leben assoziiert wird).

Und dann kann man die Plazenta noch einfach in den Müll schmeißen. Oder?

Auf eine diesbezügliche Anfrage von Professor Dr. Horschitz an das baden-württembergische Sozialministerium erhielt er folgende Antwort: „… Besondere Regelungen für die Entsorgung von Nachgeburten bei Heimgeburten wurden für Baden-Württemberg nicht erlassen. Bei einer Entsorgung von Nachgeburten sollten allerdings ethische Gesichtspunkte berücksichtigt werden." Also: Plazenta gut verpacken und erst am Tag der Leerung in den Müll entsorgen (so lange kann sie im Kühlschrank oder im Tiefkühler „zwischengelagert" werden).

Problematischer wird es dort, wo mehrere Geburten anfallen (Geburtshaus oder Praxis), da müssen die Plazenten entweder auf den Sondermüll, oder Sie geben sie den jungen Familien mit nach Hause (schließlich ist es ihr Eigentum) – dann wie oben.

Und hier noch zwei Anekdoten die eine Kollegin mir zukommen ließ:

Eine Kollegin betreute eine Hebammenschülerin bei deren Hausgeburt. Eine Freundin, ebenfalls angehende Hebamme, war mit dabei und hatte die Aufgabe, sich nach der Geburt um die Plazenta zu kümmern. Voll Staunen beobachtete die Kollegin, wie die Freundin zunächst die Nabelschnur am Ansatz abschnitt, sie zu einer Figur legte und trocknen ließ. Diese Figur fungierte später als Glücksbringer und war kaum noch als Nabelschnur zu erkennen.

Die Plazenta selber wusch sie sorgfältig, trennte die Eihäute ab und schnitt den Mutterkuchen in kleine dünne Scheiben. Diese wurden auf einem Backblech im Backofen getrocknet und passten anschließend in ein Stoffsäckchen von der Größe eines Lavendelsäckchen.

Bei Bedarf (Erkältung des Kindes, Schwäche der Mutter) holte die frischgebackene Mutter ein Stückchen getrocknete Plazenta heraus, zerrieb es im Mörser und nahm es ein oder gab es dem Kind – je nach Bedarf.

Ähnlich ist die Geschichte von dem Paar, das ein Stück der Plazenta zu einer Apotheke in Bayern schickt, damit dort daraus Globuli gemacht werden.

> Die Hausgeburtshilfe ist für viele Kolleginnen der Hemmschuh, in die Freiberuflichkeit einzusteigen: Denn sie wollen zwar raus aus der Klinik, jedoch keine Hausgeburten betreuen; auf Geburtshilfe möchten sie allerdings auch nicht verzichten. In diesem Fall bleibt die Möglichkeit von Praxisgeburten (wenn es entsprechende Ärzte in der Umgebung gibt), Beleggeburten in einer Klinik, oder die Möglichkeit in einem Geburtshaus zu arbeiten (manche arbeiten mit angestellten, und andere mit freien Hebammen).

Beleg-Geburten

Das Belegsystem ist die **älteste Form der Klinik-Geburt**. Bundesweit werden 30% der Schwangeren, Gebärenden und Wöchnerinnen von Beleg-Hebammen betreut.

Organisation

Im Belegsystem betreut die Kollegin die Geburten in einer Klinik, tritt aber als selbstständige Hebamme auf. Das heißt, sie rechnet selber ab, muss für Urlaubs- und Krankheitsvertretungen sorgen und sich auch selber versichern.

Für die **Kliniken** bedeutet dies, dass sie keine Kosten für die Hebamme haben, dafür erhalten sie allerdings auch eine geringere Fallpauschale.

Für eine **Beleg-Hebamme** ist eine gute Organisation (also auch Vertretung und Unterstützung bei hohem Arbeitsaufkommen) und auch ein besonnenes Dosieren der Arbeit besonders wichtig. Schließlich kann es durchaus vorkommen, dass die Hebamme mehrere Geburten gleichzeitig zu betreuen hat (es gibt Beleg-Kolleginnen, die 200 bis 300 Geburten im Jahr betreuen). Unterläuft ihr dann wegen starkem, gleichzeitigem Arbeitsanfall und mangelnder Organisation ein geburtshilflicher Fehler, dann kann sie dafür haftbar gemacht werden (im Gegensatz zur angestellten Hebamme, die den Schutz der Klinik genießt). Die Empfehlungen des BDH liegen bei maximal 150 Geburten pro Jahr, wenn die Hebamme ausschließlich Geburten betreut. Arbeitet sie auch noch in der Schwangeren- und Wochenbett-Betreuung, dann verringert sich die Zahl natürlich.

Im Groben unterscheiden sich fünf Formen des Belegsystems (s.u.). Was jedoch allen Modellen eigen ist: Die **Arbeitsbereiche** zwischen Hebamme und Klinik sowie zwischen Hebamme und Arzt sind **nicht immer eindeutig voneinander getrennt**. So ist es besonders wichtig, vor dem Arbeitsantritt die Grenzen der Verantwortlichkeit zu klären und auch schriftlich zu fixieren. Muster für Belegverträge sind über den BDH erhältlich (Adresse im Anhang).

So eine **interne Vereinbarung** sollte genau festlegen, wie viel Pathologie im Haus möglich ist, was die Hebamme selbstständig betreuen darf und wann sie welchen Arzt hinzuziehen muss – aber auch, wann sie ihn hinzuziehen kann oder sogar darf. Auch eine etwaige Präsenzpflicht von Ärzten und/oder Hebammen kann in so einer Vereinbarung geklärt werden.

Notfallplan

Und schließlich sollte auch ein Notfallplan erstellt werden. Er könnte zum Beispiel folgendes enthalten:
• Notfallplan für Kinderärztliche Versorgung
• Notfallplan: Wer alarmiert bei Sectio?
• Ist die Hebamme befugt, wenn der Arzt nicht da ist, die Frau in der Notsituation alleine in den OP zu fahren und zur Sectio vorzubereiten?

Juristische Absicherung

Gerade weil die Hebamme als Selbstständige auftritt, die Geburt jedoch in der Klinik stattfindet, ist es zum eigenen Schutz unerlässlich, sich juristisch abzusichern. Kolleginnen, die im Berufsverband (BDH oder BfHD) organisiert sind, erhalten diese Beratung auch über die Verbandsjuristen; auch die Broschüre des BDH „Die Hebamme im Belegsystem – was muss sein, was kann sein" gibt hilfreiche Tipps.

1. Eine Beleg-Hebamme und ein Beleg-Arzt arbeiten zusammen

Organisation

Diese älteste Form des Belegsystems hat sich vor allem in Häusern mit bis zu 600 Geburten pro Jahr bewährt. Auch innerhalb dieses Modells gibt es **unterschiedliche Organisationsstrukturen**: Entweder die Hebammen arbeiten nach einem festgelegten Dienstplan oder jede Hebamme kommt mit „ihrer" Frau zur Geburt.

Die Schwangeren haben sich in der Regel für „ihren" Arzt und „seine" Klinik entschieden. Die Hebammen hingegen kennen die Gebärenden nicht immer. Selbstredend ist es von großem Vorteil für alle Beteiligten, wenn die werdende Mutter zuvor „ihre" Hebamme **und** „ihren" Arzt kennt.

Die Gestaltung der Geburtshilfe wird in der Regel nicht vom Träger (der Klinik) vorgegeben; dieser bestimmt nur den organisatorischen Rahmen. Wünscht er zum Beispiel eine ständige Präsenz der Hebammen im Hause, so muss der Träger den Kolleginnen eine Rufbereitschaft bezahlen.

> Geburtshilfe im Belegsystem bedeutet für die Hebamme, dass sie im Vorfeld – also bevor sie die Arbeit aufnimmt – mit den Kolleginnen, die im gleichen Haus als Beleg-Hebammen arbeiten, grundsätzliche Fragen klärt; wie z. B.:
> - Wer betreut die Frauen, die unangemeldet in die Klinik kommen?
> - Wer betreut die Frauen, die stationär liegen?

Bei diesem Beleg-System ist es nicht ungewöhnlich, dass die Geburtshilfe nachts anders aussieht als am Tage; denn der Arzt, der am nächsten Tag wieder in seiner Praxis stehen muss, wird die Nachtarbeitszeit auf ein Minimum beschränken – allerdings muss er auch am Tage schnell wieder in die Praxis. Wer sich für diese Art des Belegsystems entscheidet, sollte sich darüber vorher im Klaren sein.

2. Beleg-Hebamme in der Zusammenarbeit mit Beleg-Ärzten und einer Hauptabteilung

Organisation

Bei diesem Modell gibt es also in der Klinik angestellte und Beleg-Ärzte. Hier können im Notfall die angestellten Ärzte zunächst die Frau aufnehmen und anbetreuen. Das klingt zwar verlockend, birgt aber das Problem, dass nicht eindeutig geklärt ist, wer wann für die Frau zuständig ist.

> Wenn Sie an so einer Klinik als Beleg-Hebamme arbeiten wollen, sollten Sie besonders darauf achten, dass im Vorfeld geklärt wird, **wer wann wen** rufen muss.

3. Beleg-Hebamme in Zusammenarbeit mit angestellten Ärzten

Dass Beleg-Hebammen in eine Klink kommen, in der die Ärzte angestellt sind, kommt besonders häufig in sehr kleinen Häusern (300 bis 600 Geburten) vor, vorzugsweise in ländlichen Gebieten und hier vor allem in den neuen Bundesländern. Für die Träger ist dies ein kostengünstiger Ausweg, die geburtshilfliche Abteilung aufrecht zu halten. So werden die Kosten für die Hebammen niedrig gehalten und es entstehen keine Personalprobleme (Urlaub, Krankheit).

Organisation

Bei dieser Form ist es besonders wichtig, dass sich die Hebamme klar macht, dass sie **Freiberuflerin** ist; **mit allen Konsequenzen**: Sie muss also Urlaubsvertretungen organisieren, bei starkem Arbeitsanfall eine weitere Kollegin auftreiben und für Ersatz sorgen, wenn sie krank ist. Auch trägt sie die Verantwortung für ihr Tun.

> In der Regel können die freien Hebammen den Stil der Geburtshilfe mitbestimmen. Dennoch ist eine detaillierte Absprache mit den Klinik-Ärzten über bestimmte Abläufe unerlässlich, wie zum Beispiel:
> - Möchte der Arzt bei jeder Aufnahme informiert werden?
> - Wer entscheidet über die Gabe von Medikamenten und auch über Wehentröpfe?
> - Soll – und wenn ja, wann – der Arzt zur Geburt gerufen werden?

Die Ärzte in diesen Kliniken befinden sich oft noch in der Ausbildung. Das liefert manchmal Zündstoff, wenn sich eine erfahrene Hebamme einem unerfahrenen Arzt unterordnen soll – denn rein rechtlich ist dies ja nur bei einem pathologischen Geburtsverlauf der Fall. Doch auch bei der Beurteilung dessen, was pathologisch ist, gibt es unterschiedliche Maßstäbe. Zum Beispiel: Ist eine Austreibungs-Phase, die länger als drei Stunden dauert, noch physiologisch? Deswegen ist **Kooperation und Austausch mit den Ärzten** so wichtig; also auch über Pathologie gemeinsam zu beraten und Behandlungsmöglichkeiten zu erörtern. Letztendlich muss die Hebamme für ihr Handeln gerade stehen. Sie steht nicht im Schutze der Klinik.

4. Beleg-Hebamme in Zusammenarbeit mit angestellten Hebammen und angestellten Ärzten – die „Gast-Hebamme"

Vorteile

Bei dieser Variante sind die Kolleginnen sozusagen zu Gast in einer bestehenden geburtshilflichen Abteilung. Für die zu betreuenden Frauen sind das fast paradiesische Bedingungen: Sie haben die Hebamme für sich alleine und dennoch die Sicherheit des Klinikapparates. Dadurch, dass sie in der Regel auch schon vorher von ihrer Hebamme betreut werden, haben sie die besten Chancen, den optimalen Zeitpunkt für die Ankunft im Krankenhaus zu erwischen.

Voraussetzungen

Eine **wichtige Voraussetzung** für Gast-Hebammen ist, dass sie die Gegebenheiten vor Ort gut kennen. Ideal wäre es, wenn sie zuvor in der Abteilung gearbeitet haben oder wenigstens für kurze Zeit ein Praktikum absolvierten. Es macht das Arbeiten leichter, wenn auch die Gast-Hebamme weiß, wo das Geburtsbesteck liegt, wie die Informations-Gepflogenheiten im Haus sind, was im Notfall zu tun ist, und auch, wo sich das gesamte Material zum Auffüllen befindet.

Weit verbreitet sind **gegenseitige Vorbehalte** zwischen den angestellten und den Gast-Hebammen. Bei den Klinik-Kolleginnen entsteht schnell der Eindruck, die Gäste pickten sich die Rosinen aus dem Kuchen, während sie selber die Frauen mit Maximal-Tokolyse und Spätaborten zu betreuen haben. Und dann haut die Hebamme nach der Geburt einfach ab, ohne aufgeräumt und aufgefüllt zu haben…

Die Klinik-Hebamme hat dafür nach acht Stunden frei und bekommt auch im Urlaub und bei Krankheit ihr Gehalt weiter.

Anstatt sich gegenseitig argwöhnisch zu beäugen, ist es wichtig, aufeinander zuzugehen. Und da sollte der erste Schritt von der Gast-Hebamme kommen, die vielleicht als Eindringling betrachtet wird.

Organisation

Im Fall des Gast-Modells gilt es zu regeln:
- Sollen die Klinik-Hebammen die Frau vorübergehend betreuen, wenn absehbar ist, dass sich die Betreuung hinzieht (z.B. bei Blasensprung und ohne Wehen, in der Zeit vor einer Prostaglandin-Einleitung)?
- Soll in besonderen Situationen eine angestellte Hebamme die freie Hebamme unterstützen (z.B. bei einer Wassergeburt)?
- Was ist, wenn die Anwesenheit einer zweiten Fachperson wünschenswert ist (z.B. bei Schulterdystokie)?
- Wie verhält es sich bei einer Not-Sectio oder in anderen kritischen Situationen?

Auch für die **Kooperation mit den Klinik-Ärzten** erleichtern klare Vereinbarungen die Zusammenarbeit, unter anderem:
- Wer ist überhaupt der Betreuungsarzt?
- Wünscht der Arzt über die Aufnahme einer Frau und den Verlauf der Geburt informiert zu werden?

Je mehr im Vorfeld geregelt wird, um so geringer ist ein unnötiger Energieverlust während der Arbeit durch Ausloten und Durchlavieren – und desto besser sind die Ergebnisse.

Für den Träger einer Klinik bringt diese Variante einen Image-Vorteil und die Anhebung der Geburtenzahlen.

5. Angestellte Hebamme, die außerhalb des Dienstplanes am eigenen Haus als Beleg-Hebamme arbeitet

Nebentätigkeit

Diese Form sei nur der Vollständigkeit halber erwähnt. Da es sich um eine Nebentätigkeit von angestellten Hebammen handelt, möchte ich das hier nicht weiter vertiefen.

Bei dieser Variante kann die Hebamme der Frau nicht versprechen, wirklich zur Geburt zu kommen. Schließlich kommt sie schon in die Bredouille, wenn sich die werdende Mutter gerade in der Nacht eines kurzen Wechsels[4] mit Wehen meldet.

Etwas anderes ist es, wenn eine Hebamme nach Dienstschluss noch bleibt, damit sie einer anbetreuten Frau bis zur Geburt des Kindes zur Seite stehen kann – vorausgesetzt, die Geburt findet in absehbarer Zeit statt. In diesem Fall arbeitet sie nicht als freie, sondern als angestellte Hebamme und bekommt Überstunden angerechnet und erhält den vollen Versicherungsschutz durch die Klinik.

Wochenbettbetreuung

Die Wochenbettbetreuung ist die am weitesten verbreitete Form der freiberuflichen Hebammenarbeit. Hausbesuche lassen sich in der Menge einigermaßen gut dosieren (aber manchmal kommen doch alle Kinder auf einmal) und auch relativ flexibel in den Tag einplanen.

Im Normalfall ist es unerheblich, ob die Familie um elf Uhr vormittags oder um zwei Uhr nachmittags besucht wird. Auf der anderen Seite erfordern auch angenommene Wochenbetten stete Präsenz. Und wenn eine Familie in der Betreuung ist, dann muss sie auch am Wochenende besucht werden – egal ob ein Ausflug mit der eigenen Familie geplant ist.

Vertretung am Wochenende

Als Jung-Hebamme habe ich mich nicht getraut, mir mal ein Wochenende frei zu nehmen und mich von einer Kollegin vertreten zu lassen. Ich fühlte mich unentbehrlich. Später lernte ich, dass die Qualität meiner Arbeit durchaus stieg, wenn ich mir wenigstens zwei freie

---

[4]   Kurzer Wechsel meint einen Wechsel vom Spätdienst zum Frühdienst von einem Tag auf den anderen

Wochenenden im Monat organisierte. So tat ich mich mit Kolleginnen zusammen und wir entwickelten ein **Wochenend-Vertretungs-Modell**. Das war ein Gewinn.

Wochenpflegen sind schön. Sie ermöglichen Einblick in die Struktur einer Familie. Besonders interessant ist es zu sehen, wie sich in manchen Familien das neue Leben mit dem Ankömmling entwickelt; wie sich Baby, Mutter und Vater jeden Tag ein bisschen besser in ihre Rolle einfügen.

Zeitmanagement

Im Bann dieser Ereignisse kann es leicht passieren, dass die Hebamme die Zeit vergisst und als Beraterin und Interims-Freundin beim Tee hängen bleibt. Es gibt ja sooo viele Fragen der frisch gebackenen Eltern. Ich habe oft beim Wochenbett-Besuch gesessen und insgeheim gedacht: „Toll! Und das ist jetzt deine Arbeit. Das würdest du auch in deiner Freizeit tun." Und so ließ ich mich hinreißen, länger zu bleiben, als es notwendig gewesen wäre.

Nicht nur, dass dadurch der Stundenlohn furchtbar schrumpft. Auch wird die Zeit der Familie beansprucht, die doch noch so viel Ruhe braucht. Und wenn sich die Hebamme nach einer gründlichen Untersuchung und einem ausführlichen Gespräch verabschiedet, können die jungen Eltern lernen, dass sie die kleinen Probleme des Alltags auch ohne die ständige Anwesenheit der Hebamme bewältigen können – das stärkt ihr Selbstvertrauen.

> Es sollte das Ziel dieser Hebammenbetreuung sein, sich entbehrlich zu machen.

Dennoch ist es ein enormer Gewinn, dass es inzwischen ohne großen Aufwand möglich ist, die Frauen auch noch weit über den zehnten Wochenbettag zu betreuen – eben so lange, wie in der jeweiligen Familie Hebammenbetreuung nötig ist. Und das sollten Hebammen den frisch gebackenen Eltern auch unbedingt explizit anbieten; schon allein deshalb, damit sie nicht nach drei Wochen zum Kinderarzt laufen müssen, nur weil ihnen Babys Nabel suspekt erscheint.

Fortbildungen

Wer Wochenbett-Betreuung machen möchte, sollte sich unbedingt in der Früherkennung von Infektionskrankheiten bei Mutter und Kind fortbilden. Nicht nur, dass Infektionskrankheiten zunehmen, sondern auch, weil die Hebammen in der Regel nicht gut ausgebildet werden, Infektionskrankheiten zu erkennen und adäquat zu reagieren; denn „dafür" sind sie – in der Klinik – nicht zuständig. Nicht nur aus forensischer Sicht kann das Übersehen einer Infektion bei einem Neugeborenen fatale Folgen haben; und bei Hausbesuchen lässt sich die Verantwortung nicht auf andere (Ärzte) abschieben.

Des weiteren ist es wichtig, regelmäßig Stillfortbildungen zu besuchen, die Kenntnisse über Beckenboden- und Rückbildungsgymnastik im frühen Wochenbett aufzufrischen– und vielleicht auch Gesprächsführungs-Kurse zu belegen. Und natürlich ist der Austausch und das Beraten mit Kolleginnen sehr ratsam.

Zusätzlich zu Fortbildungen kann es auch ratsam sein, bei einer erfahrenen Kollegin einige Wochen zu **hospitieren**.

Geburtsvorbereitung

> Geburtsvorbereitung hat den Vorteil, dass sie sich gut planen lässt. Wochentag, Uhrzeit und Anzahl der Stunden sind von vorne herein festgelegt. Außerdem lässt sich mit Kursen einigermaßen gut Geld verdienen – wenigstens bei mindestens fünf Schwangeren mit Partnern.

Konzeption

Für Geburtsvorbereitung gibt es unterschiedliche Konzepte. Bewährt hat sich ein Aufbau von sieben Doppelstunden, die jeweils einen Teil Körperübungen und einen Teil Informationen beinhalten.

Im **inhaltlichen Teil** geht es um alles rund um Schwangerschaft, Geburt und Wochenbett und natürlich ums Stillen.

Die **Körperübungen** können aus Yoga-Übungen, Zilgrei, klassischer Schwangerschaftsgymnastik oder ähnlichem bestehen; sie sollten auf jeden Fall Übungen zur Stärkung und Wahrnehmung des Beckenbodens und der Atmung enthalten. Natürlich gehören auch Partner-Massagen und Entspannungsübungen dazu.

Sie sollten sich Gedanken darüber machen, was Sie leisten können und wollen; vielleicht ist es zunächst einfacher mit ganz schlichten Übungen anzufangen, die weniger Selbstwahrnehmung erfordern. Es kann sein, dass einige Teilnehmer zunächst mit Befremden reagieren (oder mit albernem Kichern), wenn es um „Nachspüren", „In-sich-hinein-Hören" oder auch ums Tönen geht (Wie lange habe ich gebraucht, bis ich eine Gruppe zum Tönen anleiten konnte!? – Zunächst zaghaft, später beherzt). Wenn Sie sich selbst nicht sicher fühlen, kann solch eine Reaktion Sie total aus dem Konzept bringen.

Und natürlich können Sie Ihr Kurs-Konzept im Laufe der Zeit verändern und sich Stück für Stück an neue Inhalte und Übungen herantasten.

Eine Gruppe leiten

Doch Geburtsvorbereitung heißt nicht nur, Inhalte und Körperübungen zu vermitteln, es bedeutet auch, vor einer Gruppe zu stehen und zu unterrichten – also **eine Gruppe zu leiten**. Was ist zum Beispiel zu tun, wenn ein werdender Vater (meistens sind es die Männer) durch kuriose Fragen den Verlauf stört (wie: „Kann es passieren, dass der Uterus sich nach außen umstülpt?"„Kann ich auch stillen?"), oder demonstrativ die Körper-Übungen boykottiert oder bei Entspannungsübungen kichert, oder auch wenn eine Zweitpara ständig von ihrer ersten traumatisch erlebten Geburt erzählt? – Sie sollten sich derartigen Situationen gewachsen fühlen.

Fortbildungen

Um diese Hürde zu nehmen, eignen sich **Fortbildungen** über Geburtsvorbereitung für Paare, von denen reichlich angeboten werden; auch Yoga- oder Gymnastik-Fortbildungen können hilfreich sein.[5]

Ich habe meinen ersten Kurs zusammen mit einer Kollegin gemacht (damals gab es noch keine entsprechenden Fortbildungen). Nicht nur, dass wir unser Wissen während der Vorbereitung zusammentun konnten und zudem beieinander hospitierten; wir konnten uns auch über die Paare austauschen, unsere Wahrnehmung schulen und überlegen, wie wir mit schwierigen Teilnehmern umgehen wollten. Denn in diesem Kurs war ein werdender Vater, der erstens alles besser wusste und zweitens keinen Hehl daraus machte, dass er eine von uns beiden äußerst attraktiv fand.

Hospitation

Sicherlich ist es auch hilfreich, bei mindestens einer Kollegin mit Erfahrung zu hospitieren; besser natürlich bei zwei oder drei. Dabei können Sie unterschiedliche Techniken kennen lernen. Das macht es Ihnen leichter, die Dinge herauszufinden, die Ihnen entsprechen, sodass Sie Ihr eigenes Kurskonzept erstellen können.

Im Verlaufe von 15 Jahren habe ich meine Kurse mehrfach umorganisiert: Einige Elemente sind in all den Jahren geblieben, andere neu hinzugekommen – wie zum Beispiel das Tönen. Das konnte ich erst anleiten, nachdem ich eigene Erfahrungen damit in einer Gruppe gemacht hatte. Danach war es mir ein ausgesprochenes Vergnügen zu sehen, wie „meine" Kurs-Teilnehmerinnen und -Teilnehmer von Mal zu Mal ihre Scheu überwanden und schließlich der Raum von einem satten Tönen erfüllt war.

Besonders schön ist es, wenn die Hebamme die Frauen später nach der Geburt wieder sehen kann; entweder beim Wochenbettbesuch oder in einem anderen Kurs (Rückbildung, Babymassage).

Kleines Extra

Einige Kolleginnen haben gute Erfahrungen damit gemacht, den Kurs von vorne herein so zu konzipieren, dass ein Baby-Treffen inbegriffen ist. Also umfasst der Kurs vierzehn plus zwei Stunden. Ein derartiges Extra sollten Sie bei der Kurs-Anmeldung abklären und sich privat von den Eltern bezahlen lassen.[6]

---

[5]   Sehr empfehlen kann ich das Buch von Frauke Lippens: Geburtsvorbereitung – Eine Arbeitshilfe für Hebammen, Staude Verlag.
[6]   Seit dem 1.7.1997 dürfen Hebammen Leistungen den Frauen in Rechnung stellen, die nicht in der HebGV aufgeführt sind (s. S. 24).

**Beratungen
abrechnen**

Übrigens: Nach einer Kursstunde wird die Hebamme regelmäßig von Teilnehmerinnen belagert, die noch diese und jene Frage haben, das eine oder andere Problem. Schließlich ist das eine günstige Gelegenheit, eine Fachfrau zu konsultieren. Diese Gespräche lassen sich als Beratungen abrechnen. Auch wenn es sich um eine Hilfeleistung bei Schwangerschaftsbeschwerden handelt, zum Beispiel weil sich eine Schwangere mit ihren schweren Ödemen an Sie wendet, können Sie dies extra abrechnen. Das geht jedoch nur dann, wenn diese **Leistung außerhalb der Kursstunde** erbracht wurde.

Rückbildungsgymnastik

Konzeption

Weit verbreitet ist die Rückbildungsgymnastik. Diese wandelt sich zunehmend, von körperlicher Fitness und „Bauch-weg-Übungen" hin zu konzentrierten Beckenbodenübungen und Körperwahrnehmung – oft auch unter dem Stichwort „Neufindung".

Es gibt Kurse bei denen die Mütter ihre Babys mitbringen können, und solche, bei denen die Frauen alleine kommen. Effektiver sind die Übungen natürlich, wenn die Babys nicht dabei sind; aber es ist eben nicht allen Müttern möglich, ohne ihr Kind einen Kurs zu besuchen. Für sie ist ein Angebot „Rückbildung mit Baby" sicherlich hilfreich. Ihnen sollte angeraten werden, die Übungen zu Hause zu machen, wenn das Baby schläft. Denn es ist fast unmöglich, beim versonnenen Blick auf das Kleine den Beckenboden fest anzuspannen...

Rückbildungs-Kurse werden von der gesetzlichen Kasse erstattet, wenn die Frau innerhalb der ersten vier Monate nach der Geburt damit beginnt und der Kurs innerhalb der ersten neun Monate post partum endet (private Versicherungen sind hier gelegentlich knauserig).

Stillberatung

Auch hier können Sie außerhalb der Unterrichtsstunden stattfindende Stillberatung separat abrechnen.

Andere Kurse und Gruppen

Es gibt noch jede Menge Kurse, die eine Hebamme anbieten kann – je nach ihren Vorlieben.

Mögliche Angebote

- Unter anderem erfreut sich die **Babymassage** wachsender Beliebtheit, sowohl bei den Hebammen als auch bei jungen Müttern (und Vätern).
- Dann können Sie **Säuglingspflege-Kurse** anbieten. Wobei auch hier ein Wandel zu beobachten ist: Weg von sturen Wickel- und Baby-

Bade-Techniken hin zu Aufklärung über das Leben mit einem Neugeborenen.

- Des Weiteren besteht die Möglichkeit, dass Sie **Stillgruppen, Mutter-Kind-Kurse, Schwangeren-Schwimmen, Tanzen für Schwangere oder Mütter** und vieles anderes mehr anbieten – entsprechende Kenntnisse vorausgesetzt!

> All diese Angebote müssen die Frauen bzw. die Paare allerdings aus eigener Tasche zahlen.

Wie viel Sie für einen Kurs berechnen können, hängt unter anderem von der Konkurrenz in Ihrer Umgebung ab, und von den Kosten, die Ihnen entstehen, wie z. B. eine eigene Raummiete (s. S. 82, Kalkulation der Kursgebühren).

Schwangerenvorsorge

Es ist schön zu beobachten, dass sich die Hebammen ein originäres Arbeitsfeld Stück für Stück zurückerobern: die Schwangerenvorsorge.

In vielen Teilen der Bundesrepublik haben Hebammen, die Schwangerenvorsorge anbieten, mit heftigem Gegenwind zu rechnen. Es scheint, als haben manche Menschen Angst, die Hebamme könne ihnen etwas wegnehmen. Auch kommt es immer wieder vor, dass Frauenärzte sich darüber beklagen, dass Hebammen in „ihren" Mutterpass schreiben. Als ob der Mutterpass nicht der Frau gehört!

Das Besondere der Hebammen-Vorsorge

Das Besondere der Hebammen-Vorsorge besteht darin, dass die Hebamme – mehr als Ärzte es tun – mit all ihren Sinnen arbeitet. Sind die Sinne gut geschult, dann können sie so manches technische Gerät ersetzen: zum Beispiel lassen sich die Größe und Lage des Kindes durch eine äußere Untersuchung feststellen. Außer den Maßen des Kindes erfährt die Hebamme noch mehr über die Frau als bei einem Ultraschall: sie bekommt Informationen darüber, wie fest das Gewebe der werdenden Mutter ist, ob sie angespannt ist und empfindlich auf Berührung reagiert und ähnliches; kindliche Herztöne kann sie mit dem Hörrohr hören (ich habe sogar die Erfahrung gemacht, dass das in der Frühschwangerschaft manchmal besser funktioniert als mit einem Doptone).

Risiko-Schwangerschaften

Sicherlich kann die Hebamme nicht alle Untersuchungen vornehmen, die der Arzt macht, wie Ultraschall oder Pränataldiagnostik; auch darf sie keine Risiko-Schwangeren ohne ärztliche Anordnung betreuen, also zum Beispiel bei Infektionen in der Schwangerschaft oder EPH-Gestose. Weigern sich die Schwangeren jedoch, sich in ärztliche Betreuung zu begeben, dann können (müssen aber nicht) Hebammen die Frauen in der Schwangerschaft weiter betreuen. In diesem Fall ist es dringend geboten, ausführlich zu dokumentieren, dass Sie die Frau auf mögliche Risiken hingewiesen haben, sie sich aber weigert zum Gynäkologen zu gehen. Auch gibt es weder eine gesetzliche Verpflichtung zur Pränataldiagnostik noch zum Ultraschall. Auf der anderen Seite kann die Schwangere für diese Untersuchungen auch in eine Klinik gehen.

In der gynäkologischen Praxis

Am besten ist es, wenn sich eine gut funktionierende Kooperation zwischen Hebamme und Gynäkologen ergibt. Das kann so aussehen, dass die Hebamme in der Praxis des Arztes mitarbeitet und selber abrechnet oder ein Honorar bekommt (siehe Rechenbeispiel S. 49). Immer mehr Gynäkologen – in diesem Fall wäre es besser zu sagen: Gynäkologinnen – wissen um den Image-Gewinn und die Arbeitserleichterung, wenn sie eine Hebamme in der Praxis haben. Es ist mittlerweile bekannt, dass Hebammen sich mehr Zeit nehmen und eher einen ganzheitlichen Blick haben als viele Ärzte.

In eigener Regie

Es ist aber auch möglich, dass die Kollegin in ihrer **eigenen Praxis oder bei der Frau zu Hause** Vorsorgen macht, und die Schwangeren zum Ultraschall oder in unklaren Fällen zu einem bestimmten Arzt schickt, mit dem sie im Austausch steht. Für Blutentnahmen und Abstriche muss die werdende Mutter keinen Arzt aufsuchen. Die Hebamme kann auch mit einem Labor zusammenarbeiten. Das Problem besteht eher darin, dass die wenigsten Hebammen darin geschult sind, saubere Abstriche zu machen (und das ist gar nicht so einfach!!).

Abstriche nehmen

Wenn Sie autonom sein und möglichst viele Untersuchungen eigenständig vornehmen wollen, dann sollten Sie sich unbedingt in die **Kunst des Abstrich-Nehmens** einweisen lassen. Vielleicht gibt es ja einen bekannten Gynäkologen, der Ihnen Einblick verschafft, oder Sie haben in der Klinik, in der Sie zurzeit noch arbeiten, die Gelegenheit es zu üben. Manche Labors geben auch gute Unterweisungen und ausreichend Gelegenheit, bei einem Labor-Arzt nachzufragen. Außerdem verschicken die meisten Labors das erforderliche Untersuchungsmaterial.

Zeitmanagement und Abrechnung

Eine Schwangerenvorsorge lässt sich problemlos in einer **halben bis dreiviertel Stunde** erledigen.

Wenn Ihnen die Frau nach der Vorsorge noch eine halbe Stunde etwas über die Probleme mit ihrem Partner erzählt oder über die Angst, die sie vor der Geburt hat, dann machen Sie keine Vorsorge mehr, sondern leisten Hilfeleistung bei Schwangerschaftsbeschwerden.

Das können Sie separat abrechnen; allerdings nur, wenn diese Hilfeleistung außerhalb der Schwangerenvorsorge liegt. Eine Beratung lässt sich neben einer Schwangerenvorsorge nicht abrechnen.

Es kann ohnehin sein, dass Sie Ihre Zeit anders geplant haben und so für die folgende Hilfeleistung keinen Spielraum mehr haben. Dann sollten Sie das Gespräch abbrechen indem Sie zum Beispiel sagen: „Ja, es ist wichtig, dass wir einmal in Ruhe darüber sprechen. Doch jetzt im Rahmen der Vorsorge ist dafür keine Zeit. Lassen Sie uns gleich einen Termin machen, bei dem wir über Ihre anderen Belange reden können."

Hilfeleistung und Beratung

Schließlich gibt es auch noch das große Gebiet der Beratungen und der Hilfeleistungen bei Schwangerschaftsbeschwerden. Da ist es nicht immer ganz einfach, eine klare Grenze zu ziehen.

Eine **Beratung** kann persönlich (bei der Frau, bei der Hebamme, in der Praxis) oder telefonisch erfolgen. Die Gebühr ist immer gleich – egal, wie lange die Beratung dauert. Inhalte können sein: Beratung über Lebensweise, Zweckmäßigkeit der Inanspruchnahme ärztlicher Betreuung, Beratung über Ernährung, Kleidung, Sport, Reisen, Körperpflege, Stillen, Partnerschaftsprobleme und dergl.

Hilfeleistung bei Schwangerschaftsbeschwerden oder Wehen werden je angebrochene halbe Stunde abgerechnet (am Wochenende und Feiertags erhöht sich die Gebühr). Schwangerschaftsbeschwerden können Hyperemesis gravidarum, Ödeme oder ähnliches sein. Grundsätzlich ist zunächst alles, was die Schwangere subjektiv als Beschwerden äußert und die Hebamme zum Tätigwerden veranlasst, abrechnungsfähig. Auch Hilfeleistung bei Wehen können abgerechnet werden. Ob Wehen während der Frühschwangerschaft Hilfe bei Beschwerden oder bei Wehen nach sich ziehen, ist nicht klar zu unterscheiden. (Vergl. hierzu: H. Horschitz: Das Krankenkassengebührenrecht der Hebamme).

Zusätzliche Qualifikationen

Viele Hebammen haben noch zusätzliche Qualifikationen, wie Homöopathie, Aromatherapie, Moxa-Therapien, Akupunktur bei Schwangerschaftsbeschwerden oder Watsu (Wasser-Shiatsu) und vieles mehr. Auch diese Angebote lassen sich über die Gebührenverordnung als Hilfeleistungen bei Schwangerschaftsbeschwerden abrechnen. Andere haben eine Ausbildung als Familien- oder Gesprächstherapeutin oder in der Cranio-Sacral-Therapie, oder oder oder….

Wenn Sie diese Heilverfahren oder Beratungsangebote im Rahmen von Hilfeleistung anwenden, dann lassen sich diese sicherlich auch im Rahmen der Hebammen-Gebührenverordnung abrechnen.

Es setzt sich jedoch zunehmend durch, dass sich Kolleginnen die speziellen Angebote, die eine zusätzliche Qualifikation voraussetzen, separat bezahlen lassen.

Abrechnung

Seit dem ersten Juli 1997 dürfen Hebammen Leistungen, die nicht in der Gebührenverordnung enthalten sind, privat abrechnen. Damit sind sie anderen Berufsgruppen gleichgestellt, die Angebote wie PEKiP, Babymassage, Elternschulungen und dergleichen privat liquidieren dürfen. (Vergleiche auch Monika Zoege: Der Gesetzliche Rahmen von Hebammentätigkeit, in Hebammenforum 8–2000, S. 261 und 263).

2. Das Profil der freien Hebamme

Die freiberufliche Hebamme ist sehr viel mehr als eine Handwerkerin, die das Wissen des Hebammenlehrbuches im Kopf, in den Fingern und im „Bauch" (dem intuitiven Gedächtnis) hat. Sie muss ihre Arbeit selbst organisieren, Kurse konzipieren, sich mit Buchhaltung, Finanzplanung und eventuell der Gestaltung eines Faltblattes auseinander setzen, verbringt viele Arbeitsstunden am Schreibtisch, muss Medikamente und Arbeitsmaterialen besorgen und hat bisweilen den Job einer Telefonseelsorgerin. Diese **Vielfalt** macht die Arbeit interessant, verführt jedoch auch dazu, sich zu verlieren.

Voraussetzungen

> Die Fähigkeit, sich abzugrenzen und auf das Wesentliche zu konzentrieren, ist in meinen Augen eine Grundvoraussetzung für die selbstständige Tätigkeit.

Außerdem benötigt man Entscheidungsfreude, die Bereitschaft Verantwortung zu übernehmen, Selbstdisziplin, die Fähigkeit sich selbst zu motivieren, eine ordentliche Portion Optimismus und unternehmerisches Denken. Auch Gelassenheit im Umgang mit der Tatsache, dass nicht mit einem verlässlichen und regelmäßigen Einkommen zu planen ist, ist erforderlich – vor allem solange bis die Praxis angelaufen ist.

Traumhaft wäre es, wenn Sie bei all den eben genannten Eigenschaften sagen würden: „Ja, so bin ich." Aber welche Hebamme ist schon eine Traumfrau? Sie sollten aber zumindest Teile dieser Fähigkeiten besitzen. Vieles lässt sich lernen – und mit gelegentlichen Unzulänglichkeiten muss wohl jede leben lernen.

Kleiner Exkurs: Das Profil der Hebamme vor fast 2000 Jahren

Das erwartete Profil der Hebamme wurde im zweiten Jahrhundert n. Chr. wie folgt beschrieben: „Von der Hebamme wird erwartet, dass sie des Lesens und Schreibens kundig sei, ausdauernd, von gutem Gedächtnis, geachtet und von gesundem, kräftigem Körperbau. Weiterhin soll sie ruhig sein, unerschrocken bei Gefahr, einfühlsam gegenüber der Patientin, stets nüchtern, verschwiegen, nicht geldgierig (damit sie nicht aus Gewinnsucht in böser Absicht ein Abtreibungsmittel gibt) und schließlich auch frei von Aberglauben, um nicht notwendige Maßnahmen zu versäumen. Ihre Hände sollen gepflegt sein, mit langen schmalen Fingern und kurz geschnittenen Nägeln. Es werden von ihr Kenntnisse in allen Bereichen der Therapie, d. h. in den diätetischen, pharmazeutischen und chirurgischen, verlangt". (Aus: C. Hilpert: Wehemütter – Amtshebammen, Accoucheure und die Akademisierung der Geburtshilfe im Kurfürstlichen Mainz 1550–1800).

Die Hebamme

Wissen als Grundvoraussetzung

Die reine Hebammenarbeit umfasst sämtliche Tätigkeiten, die in der Hebammengebühren-Verordnung festgehalten sind. Aber es reicht nicht, befugt zu sein, gewisse Dinge tun zu dürfen (Schwangerenvorsorge, Nähen von Epis und Dammrissen): **Ein solides Wissen ist unerlässlich.** So reicht es zum Beispiel nicht, theoretisch zu wissen, was eine Plazenta praevia ist, sondern die Hebamme muss wissen, wie sich eine Praevia äußern kann und was das für die außerklinische Betreuung bedeutet. Nicht zuletzt muss die Hebamme genau einschätzen können, was pathologisch und was physiologisch ist. Doch das kann schwierig werden: Ist ET+14 pathologisch? – oder ein Hb von 11g/100ml? – oder eine AP, die drei Stunden dauert? – oder oder oder…

Im Zweifel zählt die **Vorgabe aus dem Hebammenlehrbuch**; auch wenn es inzwischen einige Untersuchungen gibt, die die Korrelation zwischen niedrigem Hb und einer Anämie nicht bestätigen, die Übertragung neu bewerten und und und…

Individueller Risikokatalog

Eine freie Hebamme muss sich ihren **eigenen Risikokatalog** erstellen; einen, mit dem sie gut leben kann; sie muss genau abwägen, was sie sich zutraut und was nicht.

Gelegentlich veröffentlichte Listen sind mit Vorsicht zu genießen, denn sie wurden in der Regel von Kolleginnen verfasst, die schon lange außerklinisch arbeiten und auf Grund ihres Erfahrungshintergrundes andere Maßstäbe ansetzen als Neulinge. **Anregungen für den eigenen Risikokatalog** finden Sie in der sehr empfehlenswerten Broschüre: „Hebammengeleitete Geburtshilfe", die von BfHD, BDH und Netzwerk zur Förderung der Idee der Geburtshäuser herausgegeben wurde. Natürlich kann – und wird – sich der Katalog im Laufe der Berufsjahre ändern.

Als Hausgeburts-Hebamme habe ich Frauen mit Zustand nach Sectio nicht zur Geburt angenommen – aus Angst vor Rupturen –, wohl aber welche, die mehrere Abtreibungen hinter sich hatten. Ich hatte beide Entscheidungen für mich wohl abgewogen.

Heute würde ich auch ohne mulmiges Gefühl Frauen nach einem Kaiserschnitt zur Hausgeburt betreuen, wenn dieser mindestens zwei Jahre zurück liegt und aus der Indikation hervorgeht (wie z. B. primäre Sectio nach BEL), dass die Sectio nichts mit den Beckenverhältnissen (z. B. bei Verdacht auf relatives Missverhältnis) der Frau zu tun hat.

Berufserfahrung

Umstritten ist auch die Frage, ob – und wenn ja – wie viel Berufserfahrung eine Hebamme braucht, bevor sie sich selbstständig machen kann. In der Regel wird empfohlen, erst einmal in der Klinik Praxis zu sammeln, um das in der Schule angeeignete Wissen zu vertiefen. Das gibt vielen Sicherheit. Doch nicht alles, was Hebammen in der Klinik lernen, nützt ihnen in der Freiberuflichkeit. Die Bewertung von Pathologie und das Krisenmanagement unterscheiden sich in vieler Hinsicht. Viele Situationen, die im Kreißsaal entstehen (Stress durch Betreuung mehrerer Frauen gleichzeitig), gibt es außerhalb der Klinik nicht. Andererseits gibt es „draußen" Situationen, die es in der Klinik nicht gab: Um eine schlecht verheilende Naht zum Beispiel muss sich die Hebamme selbst kümmern (außer sie zieht einen Arzt hinzu – das ist nach meiner Erfahrung jedoch eher die Ausnahme).

Ich habe quasi als Berufsanfängerin mit meiner freien Tätigkeit begonnen (wenn man mal von drei Monaten fest im Kreißsaal und neun Monaten als Springerin in einer anderen Klinik absieht). Für mich war es wichtig, mir meine Unbefangenheit zu bewahren. Das hat möglicherweise dazu geführt, dass ich in der ersten Zeit Frauen aus Unerfahrenheit umsonst in die Klinik geschickt habe.

So zum Beispiel bei meiner erste Wochenpflege: Die Mutter rief mich ganz aufgelöst an, weil bei ihrer drei Tage alten Tochter der Nabel blutig war. Während meiner gesamten Ausbildung zur Hebamme hatte ich keinen „normal-blutigen" Nabel gesehen. Warum nicht, das ist mir bis heute ein Rätsel. Ich hatte nur gelernt, dass es gefährlich sei, wenn der Nabel blute. So schickte ich – nachdem ich mir das Kind angesehen hatte – die verstörte Mutter zur Sicherheit in die Kinderklinik.

Von dort kam sie bald zurück, mit der Entwarnung, das sei normal und kein Grund zur Sorge.

Andersherum gilt: Hebammen, die lange in der Klinik waren, sind in der Regel in ihrer Betreuung aktiver, denken eher an Pathologie, greifen schneller ein und machen (aus Gewohnheit) sehr viele Untersuchungen.

Die weise Frau

Ganzheitliche Denkweise

Sage-femme ist französisch und heißt Hebamme, wörtlich übersetzt: weise Frau! Auf diese Bezeichnung sind viele Hebammen stolz – auf die Verbindung von der Geburtshelferin und der weisen Frau, die das (geheime) Kräuter- und Heilwissen besitzt. Traditionell waren Hebammen oft mehr als nur diejenigen, die der werdenden Mutter beim Gebären halfen. Sie kümmerten sich um Familienplanung, nicht selten auch um die größeren Kinder und hatten ein umfassendes heilkundliches Wissen. Die Hebamme hatte – und hat! – den Blick auf das Ganze. Dadurch sieht sie bisweilen Zusammenhänge, die Medizinern mit ihrer Symptom-orientierten Ausbildung oft verborgen bleiben.

Ein Beispiel – vielleicht etwas überzeichnet, aber typisch: Eine Erstpara kommt mit Wehen zur Geburt in den Kreißsaal. Die Schwangerschaft war unauffällig. Bei der Aufnahme hat die werdende Mutter einen Blutdruck von 145/85 mm/Hg (bisher in der Schwangerschaft konstant bei 120–125/70–80mmHg). Bei dem anwesenden Arzt klingeln sämtliche Alarmglocken: Kontrolle. Anderen Arm messen. Gegebenenfalls Medikamente. Gestose? Eklampsie? Er möchte die Frau unter strenger Beobachtung halten.

Die Hebamme lächelt. Sagt sich: „Die Frau ist aufgeregt. Sie bekommt ihr erstes Kind – und sie hat Wehen“. Sie nimmt die werdende Mutter bei der Hand, führt sie ins Geburtszimmer und spricht mit ihr. Ganz in Ruhe. Erklärt ihr, was auf sie zukommt.

Der ganzheitliche Blick der Hebammen war und ist gefährdet, da die Ausbildung zum großen Teil von Ärzten übernommen wurde. Auch die Lehrbücher wurden und werden – schon seit Jahrhunderten – meist von Ärzten geschrieben.

Kleiner Exkurs: Die ersten Hebammenlehrbücher

Schon das erste Hebammenlehrbuch in deutscher Sprache verfasste ein Mann: „Der Swangern frawen und hebammen rosengarten“ wurde 1513 veröffentlicht. (Die Buchdruckkunst gab es erst seit rund einhundert Jahren). Der Herausgeber war der Apotheker und Arzt Eucharius Rösslin. Er selbst war kein Geburtshelfer; seine Lehren entnahm er den Lehren Sokrates' und Soranus. Letzterer schrieb zu Beginn des zweiten Jahrhunderts nach Christi das Werk „Frauenheilkunde“.

Sokrates, Soranus, Eucharius: alles Männer.

Erst rund einhundert Jahre später, nämlich 1609, veröffentlichte mit der Witwe Marie-Louise Bourgeois (Tochter aus einem vornehmen Pariser Haus) eine Frau ein Hebammenbuch. Dieses Werk galt als bahnbrechend und fand viel Beachtung. Etwa zeitgleich veröffentlichten auch andere weise Frauen Hebammenbücher (Jane Sharp und Justine Dittrich Siegemundin von Brandenburg). Doch diese drei Frauen bilden – über die Jahrhunderte betrachtet – eine kleine Minderheit im Reigen der männlichen Autoren.

Wissen aus der Heilkunde

Viele moderne Hebammen besinnen sich auf die alte Tradition und eignen sich Wissen aus der Heilkunde an: Phytotherapie, Aromatherapie, Akupunktur, Bachblüten, Homöopathie, Kräuterwissen, Moxibustion, Reiki und und und…

Dieser Trend hat in den vergangenen Jahren eine erstaunliche Eigendynamik entwickelt: Was als zusätzliches Angebot einer Einzelnen – auch zur eigenen Bereicherung – gedacht war, ist mittlerweile – in manchen Regionen – fast Standard.

Diese Angebote wecken Begehrlichkeiten bei den Frauen und Familien. Dass eine Hebamme Basiswissen in Homöopathie hat, wird an manchen Orten fast vorausgesetzt, eigentlich sollte sie auch noch mindestens eine weitere Disziplin beherrschen. Nicht nur aus Neugierde und zur eigenen Bereicherung, sondern um der Nachfrage zu genügen – und nicht selten als Folge von Konkurrenzdruck – wird sich dieses Wissen (oft in Wochenendkursen) angeeignet – die Fachzeitschriften sind voll mit entsprechenden Inseraten.

Diese Entwicklung kann zur Folge haben, dass die Hebamme nicht wirklich heil*kundig* ist, sondern sich eine Menge Schmalspurwissen erwirbt. Natürlich gilt das nicht für alle Kolleginnen – ich beschreibe nur einen Trend, den ich beobachte. Mit Skepsis betrachte ich Angebote (Flyer) von Hebammen, auf denen zu lesen ist (neben Schwangerschaftsvorsorge und dergleichen): Bachblüten, Fußreflexzonenmassage, Homöopathie und Akupunktur. Allein eine gründliche homöopathische Ausbildung benötigt fünf Jahre. Es scheint mir manchmal wie ein Wettkampf: So, die bietet jetzt Aromatherapie an – das muss ich dann auch lernen. Wer mehr im Angebot hat, ist die bessere Hebamme? Darüber kann der Blick für die originäre Hebammenarbeit verloren gehen: auf die Hebammen*kunst*.

Wir sollten uns auch hier klar machen, dass wir in der Arbeit mit den Frauen Hebammen sind. Handwerkerinnen! Da halte ich es doch lieber mit der Weisheit – die übrigens für die gesamte Hebammenarbeit gilt: Weniger ist mehr!

Die Lebensberaterin

In der Freiberuflichkeit hat die Hebamme viele Gelegenheiten, in engen Kontakt mit der Familie zu kommen und ein gutes Vertrauensverhältnis aufzubauen. Das erleichtert die Arbeit in vieler Hinsicht, denn dadurch, dass die Hebamme einen Einblick in das Leben der Frau und ihr Umfeld gewinnt, kann sie sie in kritischen Situationen kompetenter betreuen.

Im Kontakt sein

Um etwas von der Frau zu erfahren, braucht die Hebamme ein offenes Ohr und sie muss zugewandt sein – neugierig und interessiert. Die Intimität, die dann zwischen der Hebamme und der Frau entstehen kann, ist eines der ganz besonders schönen Geschenke (vor allem) der Freiberuflichkeit.

> Im Kontakt sein, zuhören und fragen zu können, gehört zur Ausstattung einer Hebamme.

Da gibt es begnadete Kolleginnen und welche, für die das immer mühsam bleibt.

In den ersten Jahren meiner Freiberuflichkeit teilte ich alles Berufliche mit einer befreundeten Kollegin. Sie sah alles bei den Familien, hatte immer die richtigen Fragen, erinnerte sich drei Monate später noch exakt an alle Einzelheiten eines Gespräches und knüpfte gekonnt daran an. Sie war offen und aufmerksam und erfuhr alles, was sie wissen wollte – und manchmal noch viel mehr. Dagegen konnte sie sich nicht wehren. Sie machte sich nie Notizen.

Ich hingegen trage mein Herz auf der Zunge und mir platzt manchmal etwas heraus, was ich besser nicht gesagt hätte. Ich konnte mich nach drei Monaten nur selten an Einzelheiten der Vorgespräche erinnern. So begann ich, mir Notizen zu machen; denn manchmal war es peinlich, wenn ich wichtige Details vergessen hatte. Im Laufe der Jahre habe ich viel gelernt – auch diplomatischer und zurückhaltender zu sein. Nicht zuletzt durch viel Supervision und Gesprächsführungs-Seminare.

Bei sich bleiben

Aber Zuhören und die Frau im Ganzen zu sehen, ist nur die eine Seite. Die andere ist, sich nicht auffressen zu lassen. Manche Frauen saugen ihre Hebamme regelrecht aus. Je mehr ihnen angeboten wird, desto mehr fordern sie. Unersättlich. Da ist es wichtig, einen Punkt machen zu können – ohne ruppig zu sein. Eine Hebamme sollte sich nicht unentbehrlich machen – sondern entbehrlich.

Sicherlich ist es schmeichelhaft, wichtig für jemanden zu sein. Unersetzlich. Wie bauchpinseln! Es ist ein gutes Gefühl, ins Vertrauen gezogen zu werden, intime Geheimnisse anvertraut zu bekommen. Anerkennung und Vertrauen sind ein wichtiges Zubrot für die Hebamme. Und manch eines der offenbarten Geheimnisse wollen wir als Hebammen ja auch unbedingt wissen, weil es uns die Arbeit möglicherweise erleichtert. Aber gleich die ganze Lebensgeschichte? Schließlich sind wir Hebammen und keine Therapeutinnen.

Als ich bereits einige Jahre Hebamme war, betreute ich eine außerklinische Geburt, die in der Klinik mit einem Kaiserschnitt endete. Für die frischgebackene Mutter brach eine Welt zusammen. Innerhalb weniger Tage hatte sie sich mit Literatur zum Thema Kaiserschnitt eingedeckt und wollte wissen, ob ich diese Bücher kenne. Sie fand, ich müsse sie kennen. Mein Argument, dass ich nun wirklich nicht alle Bücher kennen könne, galt nicht. Sie war mir gegenüber aggressiv und fordernd. Sie hatte ihr Vertrauen in ihre Fähigkeit als Frau, Mutter und schließlich auch als Ehefrau verloren und war sehr verletzt. Sie suchte eine Schuldige und das war ich; sie machte mich für die verpasste Chance einer Spontan-Geburt verantwortlich.

Anfangs bemühte ich mich, mit ihr ins Gespräch zu kommen. Doch es war kein Herankommen, sie blockte ab. Irgendwann blockte ich vermutlich auch ab. Ich fühlte mich überfordert; das war kein Job mehr für eine Hebamme. Schließlich übernahm eine Kollegin die Betreuung – auch sie hatte es schwer.

Heute würde ich mir sofort Supervision holen und der Frau Adressen für eine Beratung anbieten oder eine Gruppe für Frauen nach einer Sectio für sie suchen.

Die große Kunst besteht in der Balance zwischen Zuwendung und Abgrenzung und darin, zu wissen, wann ein offenes Ohr helfen kann, und wann die Probleme so grundlegend sind, dass wir die Betreuung an andere Fachleute abgeben sollten.

Supervision – Was ist das?

Supervision (lateinisch *supervidere*: darüber/darauf schauen, beobachten) wird heute als eine in der Regel berufsbezogene Beratung verstanden. Sie ist eine professionelle Hilfe zur Selbstklärung.

Die Supervision unterstützt Ratsuchende (Supervisandin) dabei, ihre Fähigkeiten und Kräfte im Beruflichen zu mobilisieren, um zu eigenen und für sie passenden Lösungen zu gelangen. Die Supervisanden bleiben im Beratungsprozess für ihre Fragestellungen, Probleme und deren Lösung selbst verantwortlich. Eine Supervisorin nutzt ihre Kenntnis und Fähigkeit, indem sie fragt, anregt, gegebenenfalls erklärt und den Beratungsverlauf steuert und strukturiert.

Die Supervision dient der Entwicklung des beruflichen Könnens und ist somit mit einer praxisbezogenen Weiterbildung vergleichbar. Es gibt Einzel- und auch Gruppen- oder Teamsupervision.

Fach- und Expertenberatung sind keine Supervision. Hier nimmt die Beraterin der Klientin die Problembewältigung ab, indem sie Lösungsstrategien und -ideen vorschlägt. Manchmal gibt es Überschneidungen mit der persönlichen Beratung, in der es vornehmlich um die Klärung privater, persönlicher Anliegen geht.

Allzeit bereit?

Das Problem

Freiberufliche Hebammenarbeit ist ein Sieben-Tage-Job; und manchmal auch ein Rund-um-die-Uhr-Job. Geregelter Feierabend lässt sich nur schwer organisieren – auch ohne Dauerrufbereitschaft für Geburten nicht.

Eine meiner ersten Anschaffungen nach Beginn meiner Freiberuflichkeit war ein Anrufbeantworter (damals noch etwas ganz Besonderes). Das war göttlich! Fortan war ich verschont davon, sonntags abends Anmeldungen für Geburtsvorbereitung anzunehmen, von Frauen, die erst in acht Monaten ihren Geburtstermin hatten. Ich nahm nicht ab. Fertig. Sprach jedoch eine besorgte Mutter (oder ein Vater) aufs Band, weil das Baby seit Stunden untröstlich schrie, ging ich dran – klar! Wenn es den Eltern wichtig war, dann sprachen sie auf das Band.

Etwa ein Jahr später besorgte ich mir eine zweite Telefonnummer – eine „Geheimnummer", die weder im Telefonbuch steht, noch über die Auskunft erfragt werden kann. Ein großes Stück Freiheit, es sorgte für Entspannung: Wenn samstags abends das private Telefon klingelte, dann konnte ich gelassen bleiben – ich wusste, es hat nichts mit Arbeit zu tun; eher lockte eine Verabredung.

Für Schwangere und frischgebackene Mütter ist alles dringend. Und vieles, was passiert, ist beunruhigend. Da holen sie sich gerne eine Rückversicherung bei ihrer Hebamme, dass alles in Ordnung ist – zum Beispiel das rhythmische Zucken im Bauch (Schluckauf). Keine (werdende) Mutter würde auf die Idee kommen, wegen dieser Unruhe beim Frauenarzt anzurufen. Doch die Hebamme – das wissen sie – die ist zu Hause, oder hört ihr Band ab und kann später zurückrufen.

Es ist eine besondere Qualität der Hebammen-Betreuung, dass Eltern sich jederzeit, wenn sie beunruhigt sind, an sie wenden können. Das ist gut so. Doch manche Frauen finden nicht das richtige Maß – und manchen Hebammen fällt es schwer, sich abzugrenzen. Sie sind allzeit bereit.

Hier eine kleine wahre Geschichte (schon viele Jahre her): Eine junge Kollegin betreute eine junge Mutter nach einer ambulanten Geburt. Es war eine ihrer ersten Wochenbettbetreuungen. Die frischgebackene Mutter war sehr unsicher und verängstigt – traute sich nichts zu. Also bot meine Kollegin der guten Frau an, die erste Nacht bei ihr im Hause zu verbringen. Die Frau nahm es dankbar an. Die Nacht verlief ohne Störungen. Als die Hebamme am darauf folgenden Tag nach dem Frühstück, einer eingehenden Untersuchung und einem ausführlichen Beratungsgespräch die kleine Familie verlassen wollte, bat die junge Mutter sie, noch den Tag über und eine weitere Nacht zu bleiben. Dafür gab es aber absolut keinen Grund. Die Hebamme hatte noch andere Besuche zu machen; und außerdem wollte sie schlichtweg nach Hause – privat sein. Das Ende vom Lied: die Frau beschimpfte die Kollegin und war stinksauer. Sie fühlte sich verraten.

Dieses Erlebnis war der Kollegin (und auch mir, die die Geschichte „nur" erzählt bekam – aus erster Hand-) eine Lehre fürs Leben.

Sich abgrenzen

> Um auf Dauer bei Kräften zu bleiben, ist es wichtig, sich abzugrenzen – nicht nur im direkten Gespräch mit den Frauen, sondern auch in der täglichen Arbeit.

Da hilft zum Beispiel:
- den **Anrufbeantworter** so besprechen, dass die Frauen wissen, Sie rufen nur in dringenden Fällen zurück, ansonsten mögen die Anruferinnen doch bitte zu der genannten Sprechzeit (z. B. täglich von acht bis halb zehn am Morgen) wieder anrufen;
- auch das **Handy** hin und wieder ausstellen und die Mailbox einschalten (falls keine Hausgeburt ansteht);
- bei Vorgesprächen gleich einen **Zeitrahmen festlegen** (halbe bis dreiviertel Stunde – je nach eigener Vorliebe), wenn das Gespräch länger dauert, einen neuen Termin vereinbaren (außer es handelt sich um einen Notfall);

- sich für einen Wochenbettbesuch ein **Zeitlimit setzen**. Eine Stunde ist gut berechnet (natürlich wird es immer Ausnahmen geben. Die sollten aber nicht zur Regel werden).

Das Thema Abgrenzung war ein Dauerbrenner in allen Supervisionen, die ich gemacht habe. Wie viel davon erforderlich ist, ist sehr unterschiedlich – das muss jede Hebamme im Laufe der Zeit für sich herausbekommen.

Die Netzwerkerin

Kontakte zu Kolleginnen und anderen Berufsgruppen

Freiberufliches Arbeiten ist manchmal einsam. Zwar kommt die Hebamme tagtäglich mit Schwangeren und Wöchnerinnen zusammen, aber sie muss in allen fachlichen Belangen selbst entscheiden. Das ist für viele auch der Grund gewesen, weshalb sie sich für die Freiberuflichkeit entschieden haben. Und dennoch: Manchmal ist es einfach gut, sich auszutauschen – auch um nicht zu viele Marotten zu entwickeln – und eine Kollegin um Rat zu fragen. Hebammenstammtische können diese Funktion erfüllen; ebenso der regelmäßige Kontakt mit einer geschätzten Kollegin. In anderen Fällen ist es hilfreich, einen Gynäkologen oder Pädiater zu kennen, mit dem es sich gut zusammenarbeiten lässt, und auch gute Kontakte zu Kliniken zu haben. Wer Vorsorgen macht, tut gut daran, Beziehungen zu Labors aufzunehmen.

> Je besser eine Hebamme vernetzt ist, umso leichter kann sie sich Hilfe holen: bei schwierigen Wochenbettbetreuungen oder bei unklaren Laborbefunden, die sie nicht versteht, wenn es darum geht, Bestecke zu sterilisieren, oder oder oder…

Ebenso wie die Beziehungen zu den Frauen und Paaren, müssen auch diese Beziehungen gepflegt werden. Das ist einer der vielen Nebenschauplätze der Freiberuflichkeit, der das Arbeiten enorm erleichtern kann.

Auch die Kontakte zu Kolleginnen sollten gepflegt werden. Das ist manchmal gar nicht so einfach, denn zwischen Hebammen entspannt sich gelegentlich so eine besondere Liaison aus Sympathie, Solidarität und unterschwelliger Konkurrenz. Stammtische und gegenseitiger Austausch können das Kollegiale miteinander unterstützen – und somit das Arbeiten erfreulicher gestalten.

Die Bürofachkraft

Wie oft habe ich geflucht: „Ich bin Hebamme und keine Bürofachkraft!" Aber auch das gehört zum freiberuflichen Arbeiten dazu: **Schreibtischarbeit und Telefonieren.**

Es kann hilfreich sein, sich für die „Heimarbeit" einen Computer anzuschaffen. Fortbildungen für den Einstieg in die Welt der Rechner können Berührungsängste nehmen. Meine Erfahrung zeigt allerdings, dass sich diese Kurse nur lohnen, wenn man dann zu Hause auch regelmäßig etwas am Computer macht, also das erworbene Wissen anwendet – und wenn dabei nur Übungstexte verfasst werden.

Auch für erfahrene Anwender können sich Fortbildungen lohnen: zum Aufbau von Datenbanken, also für die Kundendatei (Access), oder auch für die Abrechnungen, also Tabellenkalkulation (Excel).

Dokumentation

Der wichtige Teil der Büroarbeit ist die **Dokumentation**.

Für viele ist das nur lästiger Schreibkram. Doch sie ist **nützlich** – und vor allem **unerlässlich**. Nicht nur, dass die Dokumentation der Hebamme selbst beim Sich-Erinnern hilft (vor allem, wenn die Frau sich nach vielen Jahren zum zweiten Mal meldet) und bei der späteren Abrechnung, sondern sie dient auch der eigenen **juristischen Absicherung**.

Ob nun auf einem schlichten weißen Blatt dokumentiert wird, auf im Hebammenbuchversand erstandenen Vordrucken oder auf selbst kreierten Bögen, ist egal. **Hauptsache übersichtlich, gut verständlich, vollständig und auch noch nach Jahren lückenlos nachvollziehbar**. Geeignete Vordrucke haben sowohl die Hebammengemeinschaftshilfe e.V. (HGH) als auch der BfHD entwickelt (Adressen im Anhang). Auch einige der Abrechnungsfirmen bieten geeignete Formulare an.

Empfehlenswert sind, zumindest für die erste Zeit, bereits entworfene Dokumentationsbögen bzw. Partogramme (zu beziehen über die Berufsverbände oder auch einige Abrechnungsfirmen). Später können Sie auch eigene Vorlagen entwerfen, die der persönlichen Form Ihrer Arbeit gerecht wird.

Achtung: Vor Gericht gilt: Schlechte Dokumentation gleich schlechte Arbeit!

Alle schriftlichen Dokumentationen müssen Sie, vor dem Zugriff Unbefugter geschützt, **aufbewahren**; die jeweiligen Berufsordnungen schreiben vor, wie lange (der Zeitraum liegt zwischen zehn und 30 Jahren).

Sollten sich riesige Berge von Unterlagen bei Ihnen sammeln, dann können Sie die Dokumente auch (nach Absprache) dem Gesundheitsamt übergeben. Einmal nachfragen lohnt sich.

Anders verhält es sich bei **Beleg-Hebammen**: Kliniken haben die Pflicht, die von Beleg-Hebammen durchgeführten Geburten zu dokumentieren und zu archivieren und 30 Jahre lang aufzubewahren. Die Beleg-Hebamme sollte die Geburtsdokumentation auf gar keinen Fall zu sich nach Hause mitnehmen – allenfalls als Duplikat.

Aufklärung

Außerdem ist die Hebamme gesetzlich dazu verpflichtet, über ihre Tätigkeit und Grenzen und Möglichkeiten ihrer Betreuung **aufzuklären**. Dies gilt insbesondere über eventuelle unvorhersehbare und/oder plötzlich auftretende medizinische Risiken (sowie deren statistische Häufigkeit), die eine Gefahr für Mutter und Kind mit sich bringen können. Natürlich sollte diese Aufklärung auch einen Hinweis auf zur Verfügung stehende Notfallmaßnahmen enthalten.

> **Die erfolgte Aufklärung muss dokumentiert werden; dabei muss klar erkennbar sein, worüber aufgeklärt wurde.**

Die Hebamme und ihre Intuition

Viele Hebammen treffen Entscheidungen aus dem „Bauch" heraus. Scheinbar. Sie glauben, sie folgen einer Eingebung, die sie auch nicht begründen und in Worte fassen können. Haftungsrechtlich haben sie damit schlechte Karten.

Aber ist es so, dass diese Bauch-Entscheidungen tatsächlich nicht zu erklären sind, außer mit: „Ich hatte ein gutes (schlechtes) Gefühl"? Auch unsere Intuition bedient sich deutlicher Fakten um uns herum.

Sie sehen, riechen und fühlen: rosige Farbe, Angstschweiß, gute/schlechte Herztöne, eine erschöpfte Frau, eine vitale Frau, rosige Haut, graue Haut, den Geruch von Angst, Zuversicht, Verzagtheit, Muff, Frische oder auch: die Frau war vorher nie ängstlich, aber jetzt; die Frau ist so in sich gekehrt, vorher war sie lebhaft; die Frau ist plötzlich so aufgedreht, sonst war sie eher besonnen, warum ist das Kind plötzlich so still/so unruhig und und und...

Wenn Hebammen eine Entscheidung auf Grund einer Intuition fällen, dann sollten sie sich (zumindest nachher) genau überlegen, wie sie zu dieser Intuition kamen – und **die beobachteten/ wahrgenommenen Parameter festhalten**. Anfangs ist es sicherlich noch schwer, seinem „Gefühl" auf die Sprünge zu kommen (weil es sich dabei oft um eine extrem komprimierte Wahrnehmung handelt, bei der Sie gebündelt mit allen Sinnen jede Einzelheit erfassen). Aber je länger Sie sich beobachten, desto weniger ominös und ungefähr wird ihr „Gefühl". Es wird erklärbar. So können Sie üben, vermeidliche „Bauch-Entscheidungen" zu begründen; außerdem lässt sich auf diese Weise die Intuition wunderbar schulen.

Verwaltung

Und natürlich müssen die Frauen auch „verwaltet" werden, zum Beispiel in Form einer **Kartei**: Anmeldung zu Wochenbettbesuchen, Anmeldung zu Kursen oder Anmeldungen zu Geburten. Dabei ist es unerheblich, ob Sie tatsächlich einen Karteikasten haben, einen Ordner anlegen, alles in Ihren Terminkalender schreiben oder eine lose Zettelwirtschaft haben. Hauptsache Sie behalten den Überblick.

*Ich fand es stets hilfreich, einen **Jahresplaner** zu haben (den ich möglichst schon im Sommer des Vorjahres erwarb), in den ich die zu erwarteten Wochenbetten eintragen konnte. So konnte ich leicht sehen, ob ich für den gefragten Monat noch Kapazitäten hatte.*

Ich nahm übrigens ungern mehr als acht Wochenbettbetreuungen (ambulant) bzw. maximal sechs Hausgeburten pro Monat an.

Ferner müssen für die spätere Abrechnung die **Daten der Frauen** erfasst werden. Und später sollten die Unterlagen so archiviert werden, dass die Karten einzelner Frauen auch noch nach Jahren wieder zu finden sind (wie viele Stunden habe ich damit verbracht, alte Karteikarten zu suchen – letztendlich Arbeitszeit!).

Auch empfiehlt es sich, **Behandlungsverträge** mit den Frauen abzuschließen – vor allem bei Selbstzahlerinnen (also auch bei privat versicherten Frauen) und auch dann, wenn Sie Angebote machen, die über die Gebührenordnung nicht abzurechnen sind, z. B. Rufbereitschaft, Kurse wie Babymassage und dergleichen, Partnerbeiträge in der Geburtsvorbereitung oder auch über die (Kurs-)gebühr bei Nicht-Erscheinen. Vordrucke erhalten Sie über die Bestell-Listen der Fachzeitschriften oder von Anbietern von Abrechnungsprogrammen für Hebammen.

Sonstiges

Abgesehen vom Rechnungen-Schreiben (s. S. 38f.) und der Steuererklärung (s. S. 40f.) ist auch noch allerhand **Schreibkram** zu erledigen:
- **Schriftwechsel** mit Krankenkassen oder der Berufsgenossenschaft für Wohlfahrtspflege (BGW),
- **Handzettel** entwerfen zum Auslegen in Arztpraxen
- oder Perinatalbögen ausfüllen – falls Sie in der außerklinischen Geburtshilfe tätig sind.

Ich finde es immer wieder erstaunlich, wie viele Hebammenarbeitsstunden am Schreibtisch verbracht werden.

Telefongespräche

Telefonieren macht zeitlich einen Großteil der Arbeit aus. Finanziell lohnt es sich eher nicht (obwohl sich telefonische Beratungen abrechnen lassen): Nicht nur die Anmeldungen laufen über das Telefon. Manchmal rufen Frauen an, die etwas wollen, was Sie vielleicht nicht anbieten oder nicht leisten können. Die meisten bitten Sie dann um weitere Informationen oder Tipps. Also: Hebammenliste raussuchen, Telefonnummern weitergeben und so weiter. Oder es ruft eine Schwangere aus dem Vorbereitungskurs an, weil sie gerade vom Frauenarzt kommt und total verunsichert ist (kommt recht häufig vor – leider.); oder Sie erhalten den Anruf einer Frau, die Sie vor einiger Zeit schon mal betreut haben, die jetzt wieder schwanger ist, aber in einer anderen Stadt wohnt und nicht weiß, wie sie eine gute Hebamme findet („So eine nette wie dich!" – das geht runter wie Öl); oder eine Frau möchte sich zum Geburtsvorbereitungskurs anmelden und fragt detailliert nach den Inhalten, weil sie beim letzten Mal so schlechte Erfahrungen gemacht hat – und erzählt nebenbei die komplette Geschichte der ersten Schwangerschaft inklusive Geburt, oder oder oder…

Sie sollten alle Telefonate **akkurat dokumentieren** – auch wenn sich nicht alle Gespräche abrechnen lassen (Achtung: Eine Anmeldung zum Geburtsvorbereitungskurs ist keine Beratung).

Tipp: Legen Sie sich Block und Stift, einen Zettelkasten oder ähnliches gleich neben das Telefon, damit Sie bereits während des Gesprächs Notizen machen können.

Möglicherweise haben Sie sonst am nächsten Tag vergessen, was Sie mit wem besprochen hatten. Holen Sie sich die Notizen hinzu, wenn Sie später Ihre Rechnungen schreiben.

Die Mitschrift (also Dokumentation) sollte auf jeden Fall beinhalten:
- Name und Anschrift der Anrufenden,
- Kranken-Versicherung (falls bislang unbekannt),
- Grund des Anrufes,
- Ihre Empfehlungen
- sowie weitere Vereinbarungen.

Telefonieren habe ich erst als Hebamme gelernt. Eigentlich bin ich ein Telefonmuffel. Dieses Kommunikationsmittel dient für mich dem Überbringen von Nachrichten – kurz und knapp. Fertig. Als Hebamme habe ich jedoch des öfteren stundenlang an der Strippe gehangen. Und wenn abends um elf der verzweifelte Anruf kommt, weil das Baby ununterbrochen schreit, da versuche ich eher, die Eltern über das Telefon – und wenn es eine halbe Stunde dauert – zu beruhigen, als dass ich mich für einen Hausbesuch noch einmal auf den Weg mache.

Exkurs: Perinatal-Erhebung

Um beweisen zu können, dass außerklinische Geburten in Punkto Sicherheit den klinischen gleichrangig sind, ist es wichtig, eine **Statistik** zu führen, die mit der Perinatal-Erhebung in der Klinik zu vergleichen ist – sodass auch die außerklinische Geburtshilfe in die Perinatal-Statistik mit einbezogen werden kann.

Die Peri-Bögen, die in Kreißsälen verwendet werden, lassen sich auf Geburten außerhalb eines Krankenhauses jedoch nicht anwenden. So bemühte sich bereits Ende der 80er Jahre das Netzwerk der Geburtshäuser darum, einen einheitlichen Bogen für die außerklinische Geburtshilfe zu entwickeln. Inzwischen ist diese Arbeit in die Obhut der Hebammen-Verbände übergegangen, die 1999 die „Gesellschaft für die Qualität in der außerklinischen Geburtshilfe" (QUAG e.V.) gründeten.

Mittlerweile gibt es einen **Perinatal-Bogen für die außerklinische Geburtshilfe,** der übersichtlich und gut zu handhaben ist.

Ausgewertet wird er vom Zentrum für Qualitätsmanagement im Gesundheitswesen (ZQ). Dieses Zentrum arbeitet zudem gemeinsam mit der QUAG an Fragestellungen wie: Erstellen von Arbeitshypothesen, Modifizierung des Bogens, Plausibilitätskriterien, Veröffentlichung von Daten und dergleichen.

Obwohl das Verfahren anonymisiert ist, haben einige Kolleginnen Sorge, der Peri-Bogen könne als Kontrolle über ihre Arbeit missbraucht werden. Das stimmt so nicht. Aus Sicht der Verbände bietet der Bogen eine Kontrolle für sich selbst; ihm wohnt die schöne Möglichkeit inne, die eigene Arbeit zu reflektieren und darüber mit anderen Kolleginnen in Kontakt und Austausch zu kommen.

Die Geschäftsfrau

Und schließlich ist die freiberufliche Hebamme auch eine Geschäftsfrau: Rechnungen schreiben,[7] Einnahmen und Ausgaben festhalten und eine Steuererklärung machen. Auch das braucht Zeit.

Rechnungen schreiben

Es gibt Kolleginnen, die sich sofort nach jedem abgeschlossenen Wochenbett hinsetzen und die **Rechnung** schreiben; und dann gibt es wiederum welche, die diese Arbeit beständig vor sich her schieben und erst, wenn der Dispo grausam überzogen ist, einen riesigen Schwung Rechnungen für zigtausend Mark oder Euro auf den Weg bringen. Wieder andere schreiben im Laufe einer Betreuung mehrere Rechnungen, da ihnen der gesamte Betreuungs-Zeitraum zu lang ist, um auf das Geld zu warten – vom Beginn der Schwangerschaft bis zum Abstillen kann es schon mal ein gutes Jahr dauern.

Auch **Mahnungen** müssen geschrieben und hin und wieder Auseinandersetzungen mit dem Sozialamt geführt werden.

Abrechnungs- und Buchhaltungsprogramme

Inzwischen gibt es einige Anbieter von **Abrechnungs- und Buchhaltungsprogrammen**, die **speziell für Hebammen** entwickelt wurden. Sie annoncieren in den entsprechenden Fachblättern. Scheuen Sie sich nicht, und lassen sich von allen Anbietern die Programme zuschicken, um sie in Ruhe zu vergleichen. Sollten Sie sich für ein derartiges Programm entscheiden, bezahlen Sie einmal für die gesamte Software[8] und später noch für die so genannten Updates.[9]

Es gibt auch **Firmen**, die den Hebammen die Abrechnungen abnehmen. Das heißt, Sie schicken Ihre für die Abrechnung erforderlichen Unterlagen an eine solche Firma und die schreibt die Rechnun-

---

[7]   Maßgebend für die Abrechnung ist die Hebammengebührenverordnung (s.S. 106ff.) für Frauen, die bei einer gesetzlichen Kasse versichert sind und die Privatgebührenverordnungen der Länder für privat versicherte Frauen, die Sie über die Berufsverbände erhalten.

[8]   Unter Software versteht man die Computerprogramme, die alle erforderlichen Informationen enthalten.

[9]   Ein update ist eine auf den neuesten Stand gebrachte Überarbeitung des bestehenden Programms. Es wird in der Regel auf die bestehende Version aufgespielt.

gen an die Krankenkassen und überwachen auch, dass die Außen-
stände reinkommen. Das heißt, sie schreiben, falls erforderlich, auch
die Mahnungen.

Die Qual der Wahl

Am besten, Sie fragen Kolleginnen, wie sie verfahren und für welches
System sie sich entschieden haben – und warum. Dann entscheiden
Sie sich, ob Sie sich ein Computerprogramm kaufen, diese Arbeit
außer Haus geben, sie in herkömmlicher Weise selbst machen bzw.
einen Teil selbst machen (Rechnungen schreiben) und einen anderen
weggeben (z. B. Steuererklärung).

Für welches Verfahren Sie sich entscheiden, oder ob Sie doch bei
„Papier und Stift" bleiben, ist eine Frage Ihrer Vorlieben.

Steuerseminare

Wichtige Informationen erhalten Sie auch in den **Steuerseminaren**,
die in den Fachzeitschriften ausgeschrieben sind. Auch die Hand-
werkskammern bieten Kurse zum Steuerrecht an. Wobei ich hier auch
darauf hinweisen möchte, dass diese Seminare den individuellen
Gegebenheiten nicht immer Rechnung tragen. (Was ist, wenn die
Hebamme noch Wohneigentum besitzt, wenn sie neben der Hebammentätigkeit noch andere Erwerbsquellen hat und dergleichen).

Die Einnahmen-Überschussrechnung

Betriebsausgaben

Aber es geht nicht nur darum, Rechnungen zu schreiben; auch die
Ausgaben müssen erfasst (Belege sammeln!) werden; denn für Ihre
Steuererklärung müssen Sie eine Einnahmen-Überschussrechnung
machen. Wie schon der Name sagt: man muss für das Finanzamt den
Überschuss der Betriebseinnahmen über die Betriebsausgaben ermitteln. Der dann verbleibende Gewinn stellt die Besteuerungsgrundlage
dar (es kann sich natürlich auch um einen Verlust handeln).

> Betriebsausgaben sind alle Aufwendungen, die durch den Betrieb
> veranlasst sind (wie es in der Fachsprache heißt).

Dazu gehören Telefonkosten, Kosten, die bezüglich der beruflichen
Nutzung des Autos entstehen, Büromiete bzw. die anteiligen Kosten
für ein häusliches Arbeitszimmer, Porto, Ausgaben für Tee und ähnliches (wenn z. B. Getränke in den Kursen angeboten werden), Büro-
material, Arbeitskleidung (falls Sie spezielle Kleidung bei der Arbeit
tragen), Bücherregale, Fachliteratur, Fortbildungen, Fotokopien,
Abschreibungen für Anschaffungen (wie Fax, Doptone, Geburtenkof-
fer), Versicherungen und vieles, vieles mehr.

Tipps:

- Gewöhnen Sie sich an, für alles **Quittungen** zu **sammeln**; also werden Sie Beleg-sensibel. Erfahrungsgemäß dauert es einige Zeit, bis es einem selbstverständlich geworden ist, bei jedem Briefmarken- oder Papierkauf (und dergleichen mehr) nach einer Quittung zu fragen.
- Sammeln Sie Ihre Belege **schon in der Planungsphase**, denn alle Kosten, die während der Vorbereitung anfallen, sind, weil sie durch den geplanten Betrieb veranlasst werden, (vorweggenommene) Betriebsausgaben, die Sie steuerlich geltend machen können.

Das betrifft z. B. auch Porto- und Telefonkosten, die anfallen, wenn Sie auf der Suche nach einer geeigneten Existenzgründungsberatung sind.

Steuererklärung

Na ja, und dann ist da immer noch die Steuererklärung (s. S. 98 Anmeldung Finanzamt). Es gibt Kolleginnen, die machen das selber, manche kaufen sich ein spezielles Computerprogramm, andere haben ein Programm mit ihrem Abrechnungsprogrammen für Hebammen erworben und andere nehmen sich eine Steuerberaterin (irgendwann hat man mal eine in der Geburtsvorbereitung oder im Wochenbett. Gleich zugreifen).

- Es macht sich immer bezahlt, zumindest für die erste Steuererklärung einen Steuerberater hinzuzuziehen. Besser ist es, wenn Sie sich bereits im Vorbereitungsjahr an einen Fachmann wenden.
- Hören Sie sich um, ob es Empfehlungen gibt – zum Beispiel von Kolleginnen. Ansonsten werden Sie sicherlich in den gelben Seiten fündig.
- Es besteht die Möglichkeit, angefallene Verluste in die kommenden Jahre zu übertragen (Verlustvortrag) oder aber auch sie mit den Jahren davor zu verrechnen (Verlustrücktrag). Lassen Sie sich beraten!

Ich hatte von Anfang an – und immer noch – eine Steuerberaterin, selbst in den Jahren, in denen ich sehr wenig Geld verdiente. Nicht, dass ich hoffte, sie würde mehr rausholen als ich es könnte – wobei das sicherlich der Fall ist. Es war mir immer das Geld wert, es nicht selber machen zu müssen. Und: Die Kosten für die Steuerberaterin lassen sich ja auch wieder von der Steuer absetzen.

Kosten von der Steuer absetzen bedeutet allerdings nicht, dass diese Kosten von der Steuer erstattet werden; es heißt lediglich, dass diese Kosten Betriebsausgaben darstellen, also den Gewinn mindern und somit auch das zu versteuernde Einkommen geringer ist – also weniger Steuern gezahlt werden müssen.

(K)ein Gewerbe

Übrigens: **Der Hebammenberuf ist kein Gewerbe!** Es handelt sich hier um eine freie Tätigkeit. Nur wenn Sie als Unternehmerin auftreten und auch Babyfelle, Öle, Tragetücher und dergleichen verkaufen wollen, dann müssen Sie ein Gewerbe anmelden und zusätzlich eine Umsatzsteuererklärung machen.

Falls Sie planen, neben Ihrer Hebammenarbeit auch noch einen kleinen **Hebammen-Laden** zu betreiben, dann sollten Sie sich unbedingt vorher eine ausführliche Beratung bei einem Steuerberater holen – das gilt umso mehr, wenn Sie in einer Praxisgemeinschaft oder Gemeinschaftspraxis arbeiten. Auch hier mein Rat: Holen Sie sich **fachkompetente Unterstützung**, wenn Sie gewerblich tätig werden wollen.

Aufbewahrungsfrist

Wichtig: Aus steuerlichen Gründen müssen steuerrelevante Unterlagen wie Rechnungen, Karteien der Frauen und Behandlungsverträge zehn Jahre lang aufbewahrt werden.

3. Formen der freien Hebammenarbeit

Freiberufliches Arbeiten ist nicht gleich freiberufliches Arbeiten. Es ist möglich, alleine eine Praxis zu eröffnen, eine Kooperation mit einer Kollegin einzugehen oder im Team zu arbeiten; entweder in einer Gemeinschaftspraxis, einer Praxisgemeinschaft oder in einem Geburtshaus.

Natürlich kann auch eine Praxis übernommen werden; sowohl eine, die nur von einer Kollegin betrieben wurde, als auch eine, in der mehrere Kolleginnen arbeiteten. Auch für die Zusammenarbeit mit anderen Berufsgruppen (wie Ärzten oder Krankengymnasten) eignet sich die Freiberuflichkeit.

Alleine eine Praxis eröffnen

Vor- und Nachteile

Das Unkomplizierteste ist sicherlich, zunächst alleine eine Praxis zu eröffnen. Das erfordert keine weiteren Absprachen, keine Kompromisse und keine Rücksichtnahmen.

Die Hebamme richtet sich nur nach ihrem Wissen und Gewissen. Keiner redet ihr rein. Entscheidungen fällt sie alleine. Für die eine ist diese Vorstellung verlockend – ja, gerade das ist es, weshalb sie sich für die Freiberuflichkeit entschieden hat –, für die andere ist sie beängstigend.

Allein-Arbeiten ist **mitunter ein einsames Geschäft**: keine Kollegin, mit der sich die Hebamme über komplizierte Fälle oder kuriose Frauen austauschen kann. Keine, mit der sie gemeinsam Entscheidungen fällen kann. Und keine, mit der sie mal so richtig (liebevoll) lästern kann (ganz unter uns: Das muss auch mal sein!).

Allein-Arbeiten bedeutet aber auch, dass die **Betreuung** die Handschrift nur der einen Hebamme trägt. Ganz persönlich. Das macht ein bisschen wett, dass es mit dem monetären Verdienst zwar in den vergangenen Jahren besser geworden ist, der aber dem Aufwand und der immensen Verantwortung immer noch nicht angemessen ist. Wenn es nur eine Hebamme gibt, dann ist die persönliche Beziehung zwischen Frau und Hebamme in der Regel auch intensiver: Meine Hebamme! Meine Frau!

Allein-Arbeiten birgt aber auch die **Gefahr**, dass die Hebamme mit der Zeit festgefahren und eigenbrötlerisch wird. Außerdem bedeutet Allein-Arbeiten: sieben-Tage-die-Woche ansprechbar und einsatzbereit sein (wenigstens dann, wenn die Hebamme Hilfeleistungen bei

Schwangerschaftsbeschwerden, Wochenbetten und/oder Geburtshilfe anbietet). Immer. Mit all seinen Konsequenzen.

Ich habe des öfteren mit meiner eigenen Familie Probleme bekommen, weil die Familien anderer vorgingen; zum Beispiel wenn ich mich abends oder am Wochenende zurückzog, um einige Rückrufe zu erledigen: die Wöchnerin, die mit dem Milcheinschuss nicht zurecht kam; die Schwangere, die eine Beratung wollte, weil der Blutzucker plötzlich angestiegen war; der frischgebackene Vater, weil er sein Baby nicht trösten konnte...

Und natürlich kam es auch vor, dass ich gerade mit meinem Kind etwas unternehmen wollte und dann doch plötzlich einen wichtigen Wochenbettbesuch machen musste (Mastitis). Das dann angestimmte Geschrei war herzerweichend.

Kooperation mit einer Kollegin

Vor- und Nachteile

Eine Kooperation kann manche Nachteile des Allein-Arbeitens aufwiegen. Denn eine Kooperation bedeutet, dass die Hebamme zwar weiterhin und nur „ihre" Frauen betreut, aber eine feste Kollegin hat – mit der sie beruflich möglichst gut zusammenpasst –, die sie bei Krankheit und im Urlaub vertritt.

Und – bei Bedarf – auch an ein oder zwei Wochenenden im Monat, je nach Vorlieben.

Kommt es zu **regelmäßigen Vertretungen** im Wochenbett, ist es sowohl für die Hebammen als auch für die werdenden Eltern hilfreich, wenn die Kolleginnen sich in ihren Geburtsvorbereitungskursen jeweils einmal besuchen.[10] So haben die Paare und die Hebamme sich bereits vor einer möglichen Vertretung gesehen.

Es kommt immer wieder vor, dass Frauen sagen: „Ich will aber nur von dir betreut werden." Oh, das schmeichelt! Darauf muss sich keine Hebamme einlassen. Sie kann es aber, wenn es ihr wichtig ist.

Bei Vertretungen rechnet jede Kollegin genau das ab, was sie gearbeitet hat. Die Vertretungs-Hebamme kann in diesem Fall sogar noch die Gebühr für den ersten Wochenbett-Besuch mit auf die Rechnung schreiben (siehe Gebührenverordnung S. 106ff).

Praxisgemeinschaft oder Gemeinschaftspraxis

Wer nicht alleine arbeiten möchte, kann sich mit anderen Kolleginnen zusammenschließen. Vorausgesetzt, es gibt welche in der Nähe, mit

---

[10] Für gegenseitige Besuche in Kursen kann keine Gebühr erhoben werden

denen eine Zusammenarbeit vorstellbar ist. Ein Team kann aus zwei, drei oder noch mehr Kolleginnen bestehen.

Vor- und Nachteile

Ein Vorteil: Mehrere Hebammen können in der Regel ein umfangreicheres Angebot bereit halten als eine einzelne Hebamme.

Die Kolleginnen können sich ergänzen: Die eine hat sich möglicherweise auf Rückbildungsgymnastik spezialisiert, während die andere fit in Babymassage ist und eine weitere Erfahrungen mit der Betreuung von Beckenendlagen-Schwangerschaften gesammelt hat. Vielleicht kennt die eine sich mit Homöopathie gut aus und die andere mit Bachblüten.

Zusammenarbeit bedeutet auch, in **inhaltlichem Austausch** zu stehen, Fälle zu bewerten und gemeinsam zu einer Einschätzung zu kommen.

Ich hatte viele Jahre alleine für mich gearbeitet und zuvor noch einige Jahre ganz eng mit einer Kollegin. Mit ihr brauchte ich nie zu diskutieren. Wir waren immer einer Meinung. Inhaltliche Auseinandersetzungen führte ich als Hausgeburts-Hebamme lediglich mit Ärzten. Diese Dispute glichen jedoch eher ritualisierten Gefechten als wirklichem inhaltlichen Austausch (das geht auf das Konto beider Seiten).

Dann kam ich in der Gründungszeit zum Geburtshaus Hamburg. Eigentlich wollte ich nur mal schnuppern – vom Herzen war ich schließlich Hausgeburts-Hebamme. Doch bereits beim ersten Treffen gab es eine heftige, solidarisch geführte Diskussion zum Thema Übertragung. So etwas hatte ich noch nie erlebt. Eine geschlagene Stunde versuchten wir, zu einem gemeinsamen Standpunkt zu kommen. Vergeblich. Wir wussten: Da ist noch viel Diskussionsbedarf.

Ich war begeistert. Diese hitzige und schöne Diskussion war für mich der Grund, weshalb ich beim Projekt Geburtshaus blieb: Der fachliche Austausch mit Kolleginnen – auf der gleichen Ebene, mit der gleichen Sicht auf die physiologischen Vorgänge rund um Schwangerschaft, Geburt und Wochenbett – eingezwängt in Klinikwissen.

Natürlich sind es auch gerade diese Diskussionen, die das Handeln eines Teams schwerfällig machen können.

Außerdem fordern Ergebnisse immer Kompromissbereitschaft – das war nicht meine Stärke (nachdem ich über zehn Jahre quasi alleine vor mich hingearbeitet hatte).

Die unterschiedlichen Formen der Zusammenarbeit lassen sich nicht immer klar voneinander trennen. Manchmal sind die Übergänge fließend. Im Groben unterscheiden sich: die Praxisgemeinschaft und die

Gemeinschaftspraxis. Geburtshäuser können sowohl Praxisgemeinschaften als auch Gemeinschaftspraxen sein.

Die Partnerschaftsgesellschaft

Sowohl Praxisgemeinschaften als auch Gemeinschaftspraxen (s.u.) können Partnerschaften gründen. Grundlage hierfür bildet das „Gesetz über die Partnerschaftsgesellschaften Angehöriger freier Berufe". Danach muss der Name der Partnerschaft ausdrücklich den Namen einer Partnerin im Titel tragen (wie: Hebammenkollektiv Schmidt und Co). Dieser Name muss beim **Partnerschaftsregister des Amtsgerichtes** angemeldet werden.

Die Partnerschaft ist gehalten, einen **Vertrag** zu machen; er muss folgendes enthalten:
• Name und Sitz der Partnerschaft
• Namen, Vornamen sowie die in der Partnerschaft ausgeübten Berufe der Teilnehmerinnen
• Gegenstand der Partnerschaft
Für alle weiteren Vereinbarungen gelten die gleichen Kriterien wie für jede Art der Gemeinschaftspraxis oder Praxisgemeinschaft (siehe S. 47).

Vor der Entscheidung prüfen

Vor einer möglichen Zusammenarbeit sollten Sie folgende Punkte prüfen:
■ Ist mir die Kollegin sympathisch?
■ Halte ich die Kollegin für teamfähig (wie hat sie bislang gearbeitet)?
■ Wie steht es mit der Flexibilität der Kollegin?
■ Haben wir gleiche/ähnliche Ansichten über die Inhalte unserer Arbeit?
■ Passt unser Arbeitsstil zusammen?
■ Können sich unsere Kompetenzen ergänzen?
■ Ist eine gegenseitige Vertretung möglich?

Praxisgemeinschaft

Bei einer Praxisgemeinschaft betreut jede Hebamme ihre eigenen Frauen, rechnet für sich ab und steht für die geleistete Betreuung alleine gerade.

Bei der Arbeit – abgesehen von gegenseitigen Vertretungen – gibt es keine Verbandelung. Steuerlich bleibt jede Hebamme für sich; bei den Ausgaben macht sie ihre (anteiligen) Ausgaben geltend.

Die Kolleginnen teilen sich lediglich Räume und deren Einrichtung und somit auch die dort anfallenden Kosten. Es empfiehlt sich, für die gemeinsame Nutzung der Räume und eventuell auch von Geräten (zum Beispiel CTG) Verträge abzuschließen – die können auch formlos sein (s.a. „Verträge mit Kolleginnen" S. 47).

Gemeinschafts-praxis

Bei einer Gemeinschaftspraxis arbeiten die Kolleginnen gemeinschaftlich zusammen. Die Hebammen betreuen als Praxis die Frauen und Paare, sie sind in ihren Leistungen austauschbar.

Die Praxis trägt einen offiziellen Namen (wie „HebammenHaus", „Die Wehemütter" oder schlicht „Hebammenpraxis Müller und Partnerinnen") und rechnet unter diesem mit den Kassen ab; also nicht mehr die einzelne Hebamme, die die Leistung erbrachte. Das bedeutet auch, dass die gesamte Praxis für das Tun jeder einzelnen Kolleginnen gerade steht. Rechtlich bildet eine Gemeinschaftspraxis eine **Gesellschaft bürgerlichen Rechtes** (GbR).

Geburtshaus

Geburtshaus ist nicht gleich Geburtshaus; so wie auch Klinik nicht gleich Klinik ist. Es gibt Geburtshäuser, die werden von einer Hebamme geführt, andere wurden von Eltern ins Leben gerufen. Es gibt große Geburtshäuser, mit einem großen Angebot rund um die Geburt und in denen mehrere Hebammen arbeiten – hier werden in der Regel mehr als 100 Geburten pro Jahr betreut. In kleineren Einrichtungen arbeiten weniger Kolleginnen, manchmal ist das Kursangebot geringer; die Geburtenzahl liegt unter 50 Geburten pro Jahr.

Unabhängig von der Größe gibt es die Geburtshäuser, in denen die Kolleginnen als Selbstständige auftreten und auch so abrechnen, und alternativ welche, in denen alle Hebammen angestellt sind.

So kann es sein, dass eine Geburtshaus-Hebamme zwar angestellt, aber doch selbstständig ist – als Mit-Betreiberin des Geburtshauses.

Standards eines Geburtshauses

Gewisse Standards sollte jedes Geburtshaus, egal in welcher Form es funktioniert, erfüllen. BDH, BfHD und das „Netzwerk zur Förderung der Idee der Geburtshäuser in Deutschland" haben gemeinsam die **„Leitlinien für Geburtshäuser"**[11] herausgegeben. Sie beinhalten unter anderem: Umfassende Schwangeren-Betreuung, Eins-zu-eins-Betreuung unter der Geburt, ausreichend Ruhe- und Freizeit für die Hebammen, freie Wahl der Begleitperson für die Frau. Und für das Team: Regelmäßige Team-Sitzungen, Supervision, Fortbildungen, Innerbetriebliche Fortbildungen im Bereich Notfallmaßnahmen und Reanimation und und und…

Ferner ist das Netzwerk zur Förderung der Idee der Geburtshäuser in Deutschland e.V. zurzeit dabei **Qualitätsnormen für Geburtshäuser** zu erstellen,[12] mit dem Ziel, dass Geburtshäuser sich zertifizieren lassen können. Ein Pilotprojekt läuft derzeit in Hessen. Ende 2001 sollen die ersten Geburtshäuser ihr Zertifikat erhalten. Als Teil dieses Projektes wird ein „Handbuch zur Qualitätssicherung" erarbeitet.

---

[11] zu beziehen bei jeder dieser Stellen, Adressen im Anhang
[12] nach der ISO-Norm 9001

Ferner gibt das Netzwerk einen **Gründungsordner** heraus (Adresse im Anhang), der Hilfe beim Aufbau eines Geburtshauses leistet.

Übernahme einer bestehenden Praxis/ eines Geburtshauses

Wenn Sie eine Praxis oder auch ein Geburtshaus übernehmen wollen, dann sollten Sie im Vorfeld folgende Fragen prüfen:

- Warum wird die Praxis aufgegeben?
- Welchen Ruf genießt die Praxis/das Geburtshaus in der Umgebung?
- Wie gut ist die Praxis/das Geburtshaus ausgelastet?
- Wie ist die Konkurrenz in der direkten Umgebung?
- Wie hoch ist die Gewinnerwartung?
- Bestehen noch Verbindlichkeiten der Vorgängerin/-nen?

> **Tipp:**
> Je größer die Praxis bzw. das Geburtshaus ist, die oder das Sie übernehmen wollen, umso dringender rate ich Ihnen, sich juristischen Beistand für die Übernahme zu holen, damit Sie unerwartete böse Überraschungen möglichst ausschließen.

Verträge mit Kolleginnen

Verträge abzuschließen erscheint vielen synonym mit Misstrauen: „Wenn ich mich mit jemandem verstehe, dann muss ich doch keine Verträge machen – und schon gar nicht mit meiner netten Kollegin, mit der ich eine Praxis eröffnen will" ist eine weit verbreitete Auffassung.

Doch es kommt vor, dass sich auch Kolleginnen trennen, dass ein Team sich verändert, dass neue Kolleginnen hinzukommen und andere gehen. In vielen Fällen lässt sich sicherlich alles problemlos lösen, was mit einer Trennung – oder einer Umstellung – zu regeln ist. Dann ist es wunderbar, einen Vertrag zu haben, den man gar nicht braucht.

Aber es gibt genug Beispiele von Trennung, die nicht glimpflich abgehen; und ebenso wie es in gescheiterten Ehen zu erbitterten Kämpfen um gemeinsame Güter gehen kann, ist das bei Hebammen selbstverständlich auch möglich. Dann ist gut dran, wer einen Vertrag hat, in dem alles geregelt ist: Das spart unnötige Nervereien und Anwaltskosten.

Einen Vertrag unter Kolleginnen abzuschließen ist kein Zeichen von Misstrauen, es ist ein Zeichen von Weisheit – und im besten Fall braucht man diesen Vertrag nie wieder.

Ist die Praxis größer – das heißt: steckt viel Geld drin –, dann rate ich Ihnen dringend, sich für einen Vertrag eine **juristische Beratung** zu holen (die erhalten Sie über die Berufsverbände) oder sich eines Mustervertrages[13] zu bedienen.

---

[13] Beim BDH z. B. gibt es einen Mustervertrag für eine Gemeinschaftspraxis. Musterverträge finden Sie auch in folgenden Büchern: Beck'sche Musterverträge Band 25: die Partnergesellschaft; Verlag C.H. Beck oder Heidelberger Musterverträge Band 83: Partnerschaftsgesellschaftsvertrag, Verlag Recht und Wirtschaft Heidelberg

**Wichtige Vertrags-
bestandteile**

Folgende Punkte sollten **Verträge unter Kolleginnen** – insbesondere beim Betreiben einer gemeinsamen Praxis – unbedingt regeln:

- Alles über gemeinsame Anschaffungen (Verbrauchsmaterialien ebenso wie Inventar)
- Wie verhält es sich, wenn eine Partnerin persönliches Gerät in die Partnerschaft (z. B. CTG) bringt: wer kommt für die Wartungskosten auf; wer für Reparatur; was passiert, wenn die „Ur-Eigentümerin" aus der Partnerschaft aussteigt und dergleichen mehr?
- Verteilung von Arbeits- und Freizeit
- Was tun bei Krankheit? Gewinnbeteiligung im Krankheitsfall, Vertretungen….?
- Soll es eine Geschäftsführung geben? Was sind ihre Aufgaben, wer macht sie?
- Wie sieht die Gewinnverteilung aus?
- Abrechnung mit der Krankenkasse
- Was ist bei Beendigung der Partnerschaft?
- Was ist bei Erweiterung der Partnerschaft?
- Was ist, wenn eine Kollegin aussteigt?
- Fortbildungspflichten, Supervision, Teamsitzungen
- Wer haftet wann, für was?

Kooperation mit einer gynäkologischen Praxis

Es besteht auch die Möglichkeit, in einer gynäkologischen Praxis zu arbeiten, dann sicherlich mit den Schwerpunkten Schwangerenvorsorge, Hilfeleistung bei Schwangerschaftsbeschwerden und Beratungen. Da liegt es nahe, die durch die Vorsorge vertraut gewordenen Frauen auch im Wochenbett zu betreuen. Einige Arztpraxen verfügen zudem über ausreichend Platz für Kurse: Geburtsvorbereitung, Rückbildungsgymnastik, Babymassage, „Wickelkurse" und ähnliches mehr.

**Selbst abrechnen
oder Honorar?**

In Kooperation mit einer Arztpraxis kann die Hebamme alle erbrachten Leistungen über die Hebammen-Gebührenverordnung **selbst abrechnen** und dem Gynäkologen einen zuvor vereinbarten Betrag für die Raumnutzung überlassen. Einige Ärzte nehmen einen Anteil vom Umsatz der Hebamme. Das bedeutet, wenn das Geschäft nicht so gut läuft, muss die Hebamme auch weniger bezahlen; sie muss allerdings auch tiefer in die Tasche greifen, wenn der Laden brummt. Andere Ärzte berechnen einen festen Betrag (je nach Zeitaufwand), unabhängig davon, wie viel eine Hebamme umsetzt.

Beispiel: Verdienstmöglichkeit bei einer Vorsorge in einer gynäkologischen Praxis:

1) Selbst abrechnen

Eine Hebamme macht an einem Vormittag (9 bis 12 Uhr) sechs Vorsorgen. Im Schnitt macht sie dann bei zwei Frauen Blutentnahmen, bzw. schickt anderes „Körpermaterial" (wie Urin) zur Untersuchung ins Labor und außerdem schreibt sie noch zwei CTGs.

Art der Leistung	West DM/West Euro	Ost DM/ Ost Euro (86% der Gebühren West)
Vorsorge:	6 x 40,– DM/20,45 € = 240,– DM/122,70 €	6 x 34,40 DM/12,79 € = 206,40 DM/105,54 €
Labor:	2 x 10,– DM/ 5,11 € = 20,– DM/ 10,22 €	2 x 8,60 DM/ 4,40 € = 17,20 DM/ 8,80 €
CTG:	2 x 11,– DM/ 5,52 € = 22,– DM/ 11,24 €	2 x 9,46 DM/ 4,84 € = 18,92 DM/ 9,68 €
Zusammen:	282,– DM/144,16 €	242,52 DM/124,02 €

Minus:

Auslagen für Labormaterial und Versand:*	10,– DM/ 5,11 €
Kosten für Raumnutzung:	35,– DM/ 17,90 €
Zusammen:	45,– DM/ 23,01 €
Damit bleiben für drei Stunden Arbeit:	237,– DM/121,18 €

Alle zusätzlichen Tätigkeiten, die nebenbei anfallen, rechnet die Hebamme auch noch für sich ab: Kontroll-CTGs, Veranlassung von Laboruntersuchungen und dergleichen.
Kommen nur vier Frauen, gibt es entsprechend weniger Geld.

2) Honorar

Als Honorar sind ungefähr 40,– Mark (gut 20 Euro) pro Stunde realistisch. Wer gut handeln kann, bringt es vielleicht auf 50,– oder 60,– Mark (26,– oder 31,– Euro).
Das bedeutet – im günstigsten Fall:
3 Stunden Vorsorge   3 x 60,– DM/ 31,– €   180,– DM/92,– €

Das Honorar ist immer gleich, egal ob drei oder sieben Frauen in der Zeit kommen – und egal, ob die Hebamme alleine die Frau in einer Untersuchung betreut oder gemeinsam mit dem Arzt.

* Vorausgesetzt, das Labor hat Ihnen das Material nicht kostenfrei zur Verfügung gestellt.

Für die festen Kosten spricht, dass sie kalkulierbar sind, für die variablen Kosten spricht, dass sie im gleichen Maße wie die Einnahmen der Hebamme steigen bzw. sinken.

Die Alternative ist, dass die Hebamme ein **Honorar vom Gynäkologen** bekommt, das sie dann versteuern muss. Deshalb sollten Sie bei Honorarverhandlungen auch immer mindestens 30% auf das aufschlagen, was Sie am Ende bar in der Tasche haben möchten. Die Hebamme bekommt aber für diese Leistungen immer den gleichen Stundenlohn – das vereinbarte Honorar – egal wie viele Schwangere sie in dieser Zeit betreut. Auf diese Weise können allerdings nur die Tätigkeiten vergütet werden, die der Arzt abrechnen kann. Kurse jeder Art muss die Hebamme in jedem Fall selbst abrechnen.

Lukrativer ist es, die Leistungen direkt abzurechnen, denn Praxis-Honorare sind in der Regel nicht so üppig. Der Vorteil eines Honorars ist, dass die Hebamme keinerlei bürokratischen Aufwand hat. Für viele ist das Grund genug, auf Geld zu verzichten.

Weitere Möglichkeiten als Honorarkraft

Auch Familienbildungsstätten, Pro Familia, kirchliche oder ähnliche Einrichtungen bieten Kurse für werdende und gewordene Eltern an. Hier können Hebammen als Honorarkräfte arbeiten; vor allem, wenn Kurse angeboten werden, die nach der Hebammen-Gebührenverordnung nicht abrechnungsfähig sind.

Vor- und Nachteile   Die Vorteile, als Honorarkraft zu arbeiten, bestehen darin: Sie haben keinerlei Arbeit mit der Vorbereitung. Sie haben mit der Anmeldung nichts zu tun, müssen keine Karteikarten führen, keine Kursräume suchen, tragen kein unternehmerisches Risiko, wenn der Kurs nur zur Hälfte gefüllt ist und dergleichen. Sie unterrichten und bekommen kalkulierbares Geld. Fertig.

Aber auch hier gilt: Das Honorar liegt in der Regel unter dem, was Sie erzielen würden, wenn Sie selbst abrechnen – dafür haben Sie den geringeren Aufwand.

4. Die Entscheidung

Es gibt viele Gründe, weshalb sich eine Hebamme für die Freiberuflichkeit entscheidet: unabhängigeres Arbeiten, Selbstverwirklichung oder zum Beispiel Lust auf ganzheitliches Arbeiten. Manchmal gibt auch Frust bei der momentanen Arbeit den Impuls.

Achtung: Frust ist zwar ein guter Initiator, aber er ist ein schlechter Wegbegleiter.

Manche unschönen Dinge wohnen dem Beruf inne, egal ob freiberuflich oder angestellt: unregelmäßige Arbeitszeiten, große Verantwortung, hohe psychische und körperliche Belastung, keine angemessene Entlohnung und oft auch unbefriedigendes Arbeiten, z.B., weil schon wieder eine Stelle nicht neu besetzt wurde, oder auch, weil eine Frau im Wochenbett doch auf ihre Schwiegermutter gehört hat und nun abstillt.

Selbstkritische Fragen

Wenn Sie mit der Freiberuflichkeit liebäugeln, nur weil Sie es in der Klinik nicht mehr aushalten, dann sollten Sie sich sehr selbstkritisch fragen:
- Was genau missfällt mir in der Klinik?
- Werde ich diesbezüglich andere Voraussetzungen finden, wenn ich mich selbstständig mache?
- Welche Aspekte der Freiberuflichkeit finde ich störend?
- Danach können Sie ein Resümee ziehen, ob die Freiberuflichkeit wirklich eine Alternative ist oder nur eine Flucht, von der Sie inhaltlich nicht wirklich überzeugt sind.

Für und Wider eine freie Praxis

Viele Hebammen sagen oft, dass es ihnen darum gehe, für die zu betreuenden Frauen bessere Bedingungen zu schaffen. Aber, Hand aufs Herz: Geht es nicht darum, sich selbst etwas Gutes zu tun? Die eigenen Arbeitsbedingungen zu verbessern? Sich selbst zu verwirklichen?

Freiberufliche Hebammen sind an der Selbstverwirklichung schon ziemlich dicht dran. Ihr Handeln ist bestimmt vom eigenen Wissen und Gewissen. Das ist ein Stück Freiheit, das der einen schmeckt und der anderen nicht.

In jedem Fall sollten Sie, bevor Sie sich auf den Weg in die Freiberuflichkeit machen, das Für und das Wider gründlich gegeneinander abwägen. Im Folgenden benenne ich einige Pro- und einige KontraPunkte als Anregung. Die entstehenden Listen können Sie für sich –

und das sollten Sie auch tun – beliebig erweitern. Als freiberufliche Hebamme dürfen und müssen Sie alles selber machen.

Am besten, Sie benennen Ihre eigenen Kriterien. Wenn Sie sehr unsicher sind, dann können Sie **Punkte verteilen**: fünf Punkte für ganz wichtig und einen für nicht so wichtig – und am Ende jeweils die Für- und Wider-Punkte zusammenzählen.

Argumente für die Freiberuflichkeit – eine Auswahl

- Ich bin meine eigene Chefin.
- In gewissem Rahmen ist eine freie Arbeitszeit-Einteilung möglich.
- Flexibles Arbeiten ist möglich.
- Die monatliche Arbeitsmenge kann selbst bestimmt werden.
- Entscheidungen können selbst getroffen werden.
- Es gibt keinen Chef, der sagt: „Machen Sie mal eine Epi." – oder Ähnliches…
- Die Betreuung der Familien entspricht dem eigenen Stil – ganz und gar.
- Ganzheitlicheres Arbeiten ist möglich – die Frauen werden vor, während und nach der Geburt betreut.
- Arbeitsschwerpunkte lassen sich besser nach den eigenen Vorlieben festlegen.

Argumente gegen die Freiberuflichkeit – eine Auswahl

- Entscheidungen müssen alleine getroffen werden.
- Alleinige Verantwortung für das Handeln und alle Entscheidungen – mit allen Konsequenzen
- Kein geregeltes Einkommen; keine Bezahlung bei Krankheit, kein Geld während des Urlaubs
- Unternehmerisches Risiko
- Große Flexibilität ist nötig
- Unregelmäßiger Arbeitsanfall – manchmal viel, dann wieder (fast) gar nichts.

Für manche ist es sonnenklar: Sie wollen sich selbstständig machen. Sie haben alles, so weit es erforderlich war, vorbereitet.

Andere befinden sich in einem inneren Konflikt. Die eine Stimme sagt: „Um Gottes Willen, tu's nicht!", und die andere will sich auf den Weg ins Unbekannte machen.

Wenn Sie unsicher sind, sich nicht entscheiden können oder nicht wissen, ob Sie mit Ihrer Entscheidung auf dem richtigen Weg sind, dann kann Ihnen das folgende Kapitel helfen, die inneren Stimmen in ihrer Bedeutung besser zu verstehen und klarer zu gewichten. Auch eine klar gefällte Entscheidung kann mit dem im folgenden Kapitel vermittelten „Werkzeug" noch einmal überprüft werden.

Entscheidungsfindung – Wie geht das?

Olaf Hansen

Der innere Dialog

Ob nun eine kleine oder große Entscheidung ansteht: In der Regel geht ihr ein Prozess – ein innerer Dialog – voraus. Wir lassen unsere inneren Stimmen das Für und Wider diskutieren und kommen bei einem günstigen Verlauf zu einer Entscheidung, die Voraussetzung für unser angemessenes und wirkungsvolles Handeln ist. Dieser Prozess der Selbstklärung läuft überwiegend (bei dem einen mehr, beim anderen weniger) problemlos ab. Hin und wieder kann es allerdings auch vorkommen, dass wir uns festfahren, in Widersprüche verwickeln, dass unsere inneren Stimmen uns behindern, indem sie sich gegenseitig ins Wort fallen oder uns zweifelhafte Argumente liefern.

Wie wir in solchen Situationen unseren inneren Ratgeber aktivieren und zu einer Selbstklärung kommen können, darum soll es in diesem Beitrag gehen.

Transaktionsanalyse – eine Kommunikationstheorie

Bei meinen Ausführungen beziehe ich mich im Wesentlichen auf **Konzepte aus der Transaktionsanalyse** (TA). Die Transaktionsanalyse (TA) wurde in den 50er-Jahren von Eric Berne in den USA begründet. Sie versteht sich als „[…] eine Theorie der menschlichen Persönlichkeit und zugleich eine Richtung der Psychotherapie, die darauf abzielt, sowohl Entwicklung wie auch Veränderungen der Persönlichkeit zu fördern." (IATA). Bis heute gibt es neue, aktuelle Theoriekonzepte und -diskussionen, die die TA weiterentwickeln und bereichern. So ist die TA auch eine Kommunikationstheorie und findet mittlerweile in vielen Lebensbereichen Anwendung – neben der Therapie u.a. auch in der persönlichen Beratung, der Supervision, der Pädagogik und der Beratung von Unternehmen und Organisationen. Die TA stellt eine Reihe von überschaubaren und verständlichen Modellen bereit, mit deren Hilfe zum einen die Gesamtheit der Persönlichkeitsentwicklung gefördert werden kann und zum anderen Schwerpunkte einzeln fokussiert werden können, um spezielle Problemstellungen einfacher bearbeitbar zu machen.

Gefühle: ursprüngliche innere Entscheidungshilfen

Weiterreichende Entscheidungen sind in der Regel von starken Gefühlen begleitet: z. B. von Freude auf die bevorstehenden Herausforderungen oder Angst vor Veränderungen und Ungewissheit. Es ist kein Einzelfall, dass wir uns im Widerstreit unterschiedlicher Gefühle verfangen und uns dann nicht mehr klar entscheiden können. Die Frage, welchem Gefühl wir trauen können und welches trügt, drängt in den Vordergrund. Wir glauben, wir müssten uns **entweder** nach dem einen **oder** nach dem anderen Gefühl richten und uns entsprechend entscheiden. Dies ist m. E. ein Irrglaube.

Wenn wir anerkennen, dass Gefühle eine sinnvolle Funktion besitzen und wir diese kennen, wird der Umgang mit den Gefühlen schon einfacher und wir können sie als echte Ressource nutzen.

Die Funktion von Gefühlen

Die TA spricht von den **Grundgefühlen** Freude, Ärger, Angst und Trauer, denen jeweils unterschiedliche Funktionen zukommen.

Wenn ich mich ärgere, so stellt dieser **Ärger** mir die Energie zur Verfügung, die darauf abzielt einen Zustand zu verändern.

Beispiel:

Jeden Morgen finde ich die leere Kaffeetasse der Kollegin aus der Nachtschicht auf meinem Arbeitsplatz. Ich bemerke, dass ich keine Lust mehr habe, nachsichtig zu sein und beginne, mich über das Verhalten der Kollegin zu ärgern. Diesen Ärger (Veränderungsenergie) nutze ich, indem ich bei nächster Gelegenheit die Kollegin ansprechen werde, damit sie weiß, dass dieses Verhalten mich stört und sie es verändern kann.

Angst besitzt Schutzfunktion. Verspüren wir Angst vor etwas, halten wir inne, ziehen uns auf sicheres Terrain zurück oder versuchen uns anderweitig vor der vermeintlichen Gefahr zu schützen. So regt sich durch Angst der sinnvolle Impuls zu handeln, wenn wir eine Bedrohung erkennen oder ahnen.

Beispiel:

Habe ich Angst davor, im Wochenbett eine Mastitis zu übersehen, dann schütze ich mich, indem ich die Situation meide – also nicht in der ambulanten Wochenpflege tätig werde – oder indem ich mir das nötige Wissen aneigne, eine Mastitis sicher zu erkennen.

Das Gefühl der **Trauer** stellt uns die Energie zur Verfügung, Abschied zu nehmen. Ohne wirklich zu trauern werden wir nicht richtig Abschied nehmen können. In unserer Gesellschaft gilt die Trauer oft als Schwäche (unter Männern wie auch unter „starken" Frauen). Das Gefühl wird verdrängt und damit eine echte Ablösung von etwas Vergangenem verhindert. Das kann auch bei so scheinbar Alltäglichem geschehen, wie bei der Trennung von der vertrauten Klinik oder beim Abschied von netten Kolleginnen. Geben wir uns der Trauer hin, so merken wir im Laufe der Zeit, dass wir irgendwann loslassen können – um dann Neues in Angriff zu nehmen.

Das Gefühl der **Freude** dient unserer Erfüllung im Hier und Jetzt. Ohne das Gefühl der Freude fehlt uns Gestaltungsenergie. Das erklärt beispielsweise, warum wir in depressiven und niedergeschlagenen Zeiten große Probleme haben, unser Leben voranzubringen und in positiver, kraftvoller Weise zu gestalten.

**Gefühle als Ent-
scheidungshilfe**

Ziehe ich meine Befindlichkeit in Entscheidungssituationen hinzu, geht es nicht um das „Entweder–oder", sondern um das „Sowohl-als-auch". Ich kann mich auf meine zukünftige Freiberuflichkeit freuen und diese Vitalität nutzen, um meine Ideen zu verfolgen und zu gestalten. Gleichzeitig darf ich Angst vor Unwägbarkeiten und dem Ungewissen, was auf mich wartet, haben.

> Entscheidend ist, die Angst wahrzunehmen, an der Realität zu überprüfen, und für angemessenen Schutz vor den „Gefahren" zu sorgen.

Beispiele

Beispiel:
Ich habe Angst, allein verantwortlich zu sein. Ja, ich befürchte, dass ich Fehler aus Unkenntnis machen könnte.
Ich kann mich umhören, ob andere Kolleginnen mit mir zusammen arbeiten würden. Da könnte ich mich austauschen und rückfragen, wenn ich unsicher bin. Außerdem könnte ich Fortbildungen besuchen oder ...

Weiter kann es sein, dass ich beispielsweise meine berufliche Situation verändern will, weil ich es leid bin, mich ständig über die Bedingungen in der Klinik oder das Verhalten des Chefs zu ärgern. Der Ärger über die bisherige Situation liefert den Impuls zur beruflichen Veränderung. Allein reicht dieser Anschub allerdings nicht, um nun auch eine neue Existenz aufzubauen. Auch hier geht es darum, **sowohl** den Ärger zu spüren und zu nutzen **als auch** die Energie der anderen funktionalen Gefühle in einem guten Sinne (vgl. oben) zu aktivieren.

Manchmal können wir uns für das neue berufliche Leben nicht entscheiden, weil wir vom Alten noch nicht Abschied genommen haben. Da taucht vielleicht die Frage auf: „Warum mach' ich das bloß? Alle die netten Kolleginnen lasse ich zurück." Wichtig ist, anzuerkennen, dass wir traurig sein werden über den Verlust und diesem Gefühl Platz einzuräumen. Für eine Veränderung müssen wir in der Regel etwas aufgeben – das scheint ein Gesetz des Lebens zu sein. Ich kann bei meiner Entscheidung traurig sein **und** mich auf das Neue freuen.

Eines unserer großen Privilegien ist unsere Fähigkeit zu fühlen **und** zu denken. Deshalb macht es Sinn, beides für die Selbstklärung bei Entscheidungsunsicherheit zu nutzen.

**Praktisches
Vorgehen**

Schreiben Sie zunächst auf die linke Seite eines Blattes Papier, was Sie in der jetzigen Berufssituation hält, welche Bedenken Sie haben, welche Ängste Sie spüren. Anschließend schreiben Sie auf die rechte Seite des Blattes Ihre „Chancen", was Sie bekommen werden, wenn Sie sich für die Freiberuflichkeit entscheiden würden.

Zum Beispiel:

Contra	Pro
Wie ist es, wenn alles bleibt, wie es jetzt ist?	**Was bekomme ich, wenn ich meine Situation verändere?**
– Ich behalte meine lieb gewonnenen Kolleginnen. – Ich handele mir unangebrachte Anpfiffe von meinem Chef ein. – Ich habe geregelte Arbeitszeiten. – Ich verliere den Spaß an meiner Arbeit.	– Ich kann selbstbestimmt arbeiten. – Ich kann meine Zeit zum Teil selbst einteilen. – Ich kann ohne hierarchische Strukturen arbeiten – Ich kann mehr Spaß an der Arbeit haben

Betrachten Sie dann das PRO und das CONTRA. Werden Sie sich über ihre Gefühle klar unter Berücksichtigung derer Funktion, und **gewichten Sie sie.** Hier können die produktiven Ich-Zustände (siehe unten) hilfreich sein, um die Authentizität unserer Gefühle zu prüfen:

- Ist meine Angst begründet? (Erwachsenen-Ich, nährendes Eltern-Ich)
- Wie groß ist meine Lust? (freies Kind)
- Was ist es, um das ich trauere? (freies Kind, Erwachsenen-Ich)
  … usw.

Unsere inneren Stimmen – die Konferenz-Runde

Unsere inneren Stimmen sind oft ein direkter Ausdruck oder Spiegel unserer eigenen Persönlichkeitsanteile. Sie melden sich hin und wieder lautstark zu Wort. Das geht manchmal so weit, dass sie für andere hörbar nach außen dringen – in Form von Selbstgesprächen oder lautem Denken. Ebenso können sie wortlos wirken, als stummer Mahner oder als „undefinierbares Gefühl" in uns.

In der Transaktionsanalyse gibt es das Funktionsmodell (Abb. 1, s. S. 57), das die verschiedenen Anteile der eigenen Persönlichkeit und deren Wirkungsweise (unter anderem als innere Stimmen) auf anschauliche Weise deutlich macht und gleichzeitig Lösungswege aufzeigt, wie wir zu einem produktiven Umgang mit unseren inneren Stimmen kommen können; sozusagen zu einem konstruktiven Gespräch mit allen Konferenz-Teilnehmern in uns. Diese inneren Stimmen/Anteile heißen im Funktionsmodell: Ich-Zustände.

Und das sind die Konferenz-Teilnehmer/ Ich-Zustände:

Das freie Kind

Das freie Kind in uns ist spontan. Es sagt: „Toll!", „Au-ja, dazu hab' ich richtig Lust!", „Uah, ist das aufregend!", „Prima, darauf freue ich mich!", und dergleichen. Das freie Kind in uns handelt spontan und kreativ, ohne sich zu sorgen, was wohl andere denken könnten.

Typisches Verhalten sind freudig spielen, genießen, sich freuen, weinen, lachen, sich ärgern, etwas erfinden – und das egoistisch und hemmungslos – sozusagen frei, ungezwungen und ursprünglich. **Posi-**

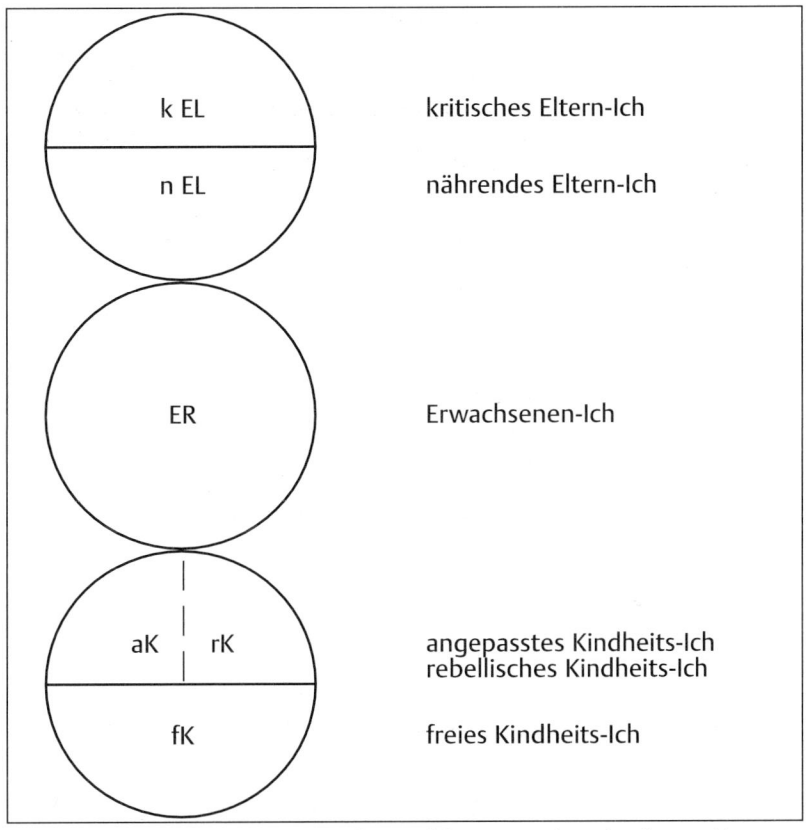

k EL   kritisches Eltern-Ich

n EL   nährendes Eltern-Ich

ER   Erwachsenen-Ich

aK   rK   angepasstes Kindheits-Ich
            rebellisches Kindheits-Ich

fK   freies Kindheits-Ich

Funktionsmodell (modifiziert nach Gührs/Nowak) 1991

tive **Aspekte** des freien Kindes sind beispielsweise Spontaneität, Kreativität, Emotionalität, Lebensenergie; die **Kehrseite** ist geprägt durch Rücksichtslosigkeit, Unbedachtheit oder Egoismus.

Das angepasste Kind

„Selbstverständlich!", „Wenn es Ihnen recht ist!", „Aber gerne doch!", „Würde, dürfte, könnte ich…" sind charakteristische Äußerungen des angepassten Kindes in uns. Es richtet sich nach den (angenommenen) Wünschen, Ansprüchen, Vorstellungen anderer – handelt in Reaktion auf sie.

Das angepasste Kind in uns gehorcht, zieht sich zurück, ist unsicher, höflich, ohne eigene Meinung. Die Anpassungsfähigkeit in diesem Ich-Zustand nutzen wir, um etwas leichter zu bekommen oder auch um uns zu schützen. Gehen wir zum Beispiel zu einer anderen Person, um etwas von ihr zu erhalten, kommen wir durch Höflichkeit und ‚anständiges' Verhalten oft eher zum Ziel als durch wildes und chaotisches Benehmen. Ebenso kann es **sinnvoll** sein, sich in bestimmten Situationen anzupassen, um sich vor Schaden zu schützen, so beispielsweise der Aufforderung eines bewaffneten Räubers nachzukommen und ihm die Brieftasche auszuhändigen.

Die **Schattenseite** des angepassten Kindes ist eine unangemessene Anpassung. Haben wir beispielsweise als Kind gelernt, dass wir durch Schmollen und Jammern unser Ziel erreichen, so ist dieses Verhalten heute für uns als Erwachsene sicher nicht mehr angebracht, und erst recht nicht sinnvoll. Legen wir dieses alte Verhalten heute an den Tag, schaden wir uns selbst und werten uns ab, denn wir können stattdessen klar und offen aussprechen, was wir wollen.

Das rebellische Kind

Das rebellische Kind in uns handelt ebenfalls in Reaktion auf andere, allerdings zeigt es entgegengesetzte Verhaltensweisen zum *angepassten Kind. Das rebellische Kind* zeigt Unmut, äußert sich trotzig und unhöflich. Eine eigene Meinung entwickelt es jedoch nicht. Es handelt lediglich in Opposition zu den gestellten Erwartungen.

Ein **positiver Aspekt** des *rebellischen Kindes* ist die hohe Energie, die ihm eigen ist. Es dient der Abgrenzung, dem Widerstand und der Selbstbehauptung („Das lass ich mir nicht gefallen!). Im **negativen Fall** kämpft *das rebellische Kind in uns* prinzipiell gegen Obrigkeit ohne Reflexion über Sinn oder Erfolgsaussichten – das kann ein aus der Kindheit übernommenes Muster sein. Jetzt, im Erwachsenen-Alter, ist es jedoch selbstschädigend und dem Hier und Jetzt nicht angemessen.

Das Erwachsenen-Ich

Das Erwachsenen-Ich ist nicht weiter unterteilt. Es handelt im Hier und Jetzt und unterzieht Situation und Umwelt einer **Realitätsprüfung** mit allen zur Verfügung stehenden Mitteln. Informationen werden logisch und sachlich überprüft und aus den erhaltenen Ergebnissen folgerichtige Schlüsse gezogen.[14] Das Erwachsenen-Ich ist so etwas wie der unparteiische, kritische Richter in uns.

Das kritische Eltern-Ich

Unser kritisches Eltern-Ich handelt streng und reglementierend. Es will kontrollieren und beeinflussen; so erscheint es meist mit seinem Autoritäts- und Machtanspruch.

Die **negative Seite** des kritischen Eltern-Ichs will andere kontrollieren und abhängig und klein halten. Es äußert sich herrisch und diktatorisch und schränkt andere ein: „Der andere soll kuschen".

Das **Positive** dieses Zustandes zeigt sich zum Beispiel in der Kindererziehung, wenn wir aus dieser Position sinnvoll Grenzen setzen und so

---

[14] Der Vollständigkeit halber und zum besseren Verständnis möchte ich kurz das in der TA so genannte **integrierte Erwachsenen-Ich** vorstellen. In den Modellen erscheint das Erwachsenen-Ich als neutrale, emotionslose, sachliche Instanz (was im Rahmen des Modellcharakters sinnvoll ist). Diesen Ich-Zustand als Vorbild für einen ausgereiften authentischen Erwachsenen zu nehmen, würde jedoch bedeuten sich zu beschneiden und arm zu machen. Im **integrierten Erwachsenen-Ich** lebe ich hingegen die Qualitäten dieses **Erwachsenen-Ich-Zustandes** und integriere die **produktiven Qualitäten** aus dem **Eltern-Ich** (z. B. Mut, Ernsthaftigkeit, Loyalität und Zuverlässigkeit) und dem **Kind-Ich** (z. B. Emotionalität, Intuition, Offenheit, Spontaneität).

auch Schutz bieten. Prügeln sich zwei Kinder, handelt unser kritisches Eltern-Ich, indem es einschreitet und so Norm gebend (Gewaltfreiheit) und schützend wirkt – also positiv und angemessen.

Das nährende Eltern-Ich

Handeln wir aus dem nährenden Eltern-Ich, zeigen wir uns fürsorglich, schützend und behütend. Wir helfen, loben, ermuntern, trösten und vieles mehr.

Die **Schokoladenseite** des nährenden Eltern-Ichs leuchtet vermutlich schnell ein: Fürsorge, Hilfe, Unterstützung und Versorgung gelten schließlich als positive Werte. Das Übermaß an allem ist die **Kehrseite**. Überversorgung macht unselbstständig, hält andere klein und hindert sie somit in ihrer Autonomie-Entwicklung.

Die Ich-Zustände ansehen

Die beschriebenen Ich-Zustände (Teilnehmer an der inneren Konferenz) sind bei jedem in unterschiedlicher Weise ausgeprägt. Vielleicht konstatieren Sie beim Lesen der Abschnitte: ‚Nein, das kenne ich von mir nicht‘, oder aber: ‚Stimmt genau!‘. Es könnte auch sein, dass Sie bei genauer Betrachtung eigenen Persönlichkeitsaspekten begegnen, die Ihnen unangenehm sind. Ich möchte Sie ermutigen, auch diese anzusehen und erst einmal anzunehmen – statt sie zu verdrängen. Denn wenn Sie „den Feind kennen", können Sie sich auch gegen ihn zur Wehr setzen. Wichtig ist es allemal, seine „dunklen" Seiten zu erkennen und zu akzeptieren, wenn man zu einer inneren Selbstklärung kommen will.

Verfahren zur Selbstklärung[15]

Konferenz der Ich-Zustände

Geht es um die Frage, welche Entscheidung Sie hinsichtlich Ihrer Freiberuflichkeit in sinnvoller Weise treffen, kann es hilfreich sein, wenn Sie die unterschiedlichen Argumente, das Für und Wider eine freie Praxis den verschiedenen Ich-Zuständen – also den verschiedenen Diskussions-Teilnehmern – zuordnen. So können Sie prüfen, welche Rolle (als innere Stimme) diese Argumente in Ihrem inneren Dialog einnehmen.

Praktisches Vorgehen

Sammeln Sie alle Argumente, Aussagen innerer Stimmen, Befürchtungen, die Ihnen durch den Kopf gehen, ungeordnet auf **kleinen Kärtchen**. Erst wenn Ihnen keine weiteren einfallen, versuchen Sie die Aspekte (Kärtchen) den jeweiligen Ich-Zuständen zuzuordnen.

Beispiel: *„Da kann mir kein Chef mehr sagen, was ich zu tun und zu lassen habe." (rebellisches Kind)*
„Ich habe die Befürchtung, dass ich das mit den Finanzen nicht hinbekomme." (nährendes Eltern-Ich)

---

[15] in Anlehnung an: „Das konstruktive Gespräch" von Manfred Gührs und Claus Nowak, Limmer Verlag, Meezen, 1991

„Bestimmt scheitere ich letztlich, weil mir (als Frau) die Durchsetzungskraft fehlt." (kritisches Eltern-Ich)
„Als Freiberuflerin kann ich meine Arbeitsschwerpunkte meinen Vorlieben entsprechend suchen." (freies Kind)
„Ich kann Entscheidungen selbst treffen." (Erwachsenen-Ich)

Schauen Sie sich nun das Ergebnis an und werten Sie es aus. Folgende Fragestellungen können Ihnen dabei helfen:
● Welcher Ich-Zustand ist häufig, welcher wenig besetzt?
● Gibt es Ich-Zustände, die gar nicht besetzt sind?
● An welcher Stelle sind die wichtigsten Argumente zu finden?
● Welchen Gesichtspunkt muss ich bei meiner Entscheidung unbedingt bedenken?
● Wie stark sind die so genannten produktiven Ich-Zustände (Erwachsenen-Ich, positive Seiten des freien Kindes und des nährenden Eltern-Ichs) vertreten? Die produktiven Ich-Zustände sollten bei jeder Entscheidung Berücksichtigung finden. Sie liefern Antworten auf die wesentlichen Fragen
  a) Was ist gut für mich und andere? (nährendes Eltern-Ich)
  b) Was ist sinnvoll und machbar? (Erwachsenen-Ich)
  c) Habe ich Lust dazu oder verspreche ich mir etwas davon? (freies Kind)

Die Arbeit mit diesem Verfahren zeigt erfahrungsgemäß eine verblüffende Wirkung. Mit einem Schlag stellen wir beispielsweise fest, dass ein Argument, das uns zweifeln ließ oder uns an einer Entscheidung gehindert hat, an Gewicht verliert, weil wir entdecken, dass da unser Vater in uns spricht, der uns als kleinem Kind mit auf den Weg gegeben hat: „Als Mädchen schaffst du es nie in unserer harten Männerwelt, es zu etwas Selbstständigem zu bringen." (negativ kritisches Eltern-Ich). Heute als erwachsene Frau können Sie zu der Einschätzung aus dem Erwachsenen-Ich gelangen: „Mit meinem Können als Hebamme, meinen Fähigkeiten als erwachsener Frau kann ich mich selbstständig machen und es schaffen!"(Erwachsenen-Ich).

Eine andere Möglichkeit könnte sein, dass uns innere Stimmen aus der Vergangenheit treiben, uns selbstständig zu machen, „weil wir sonst nichts zählen". Nach einer Konferenz der Ich-Zustände stellen Sie vielleicht auf einmal fest: „Freiberuflichkeit tut mir gar nicht gut und ist nicht sinnvoll, weil meine Stärken und Fähigkeiten den Anforderungen tatsächlich nicht entsprechen."

Dialog mit einem Symbol (meinem „Stolperstein")

Es kann sein, dass die innere Konferenz zu einer Klärung führt. Doch kommt es durchaus vor, dass wir während eines Entscheidungsprozesses mit persönlichen Problemen konfrontiert werden, die uns in unserer Entscheidungsfindung behindern und irgendwo in uns abgeschieden und schwer zugänglich verborgen liegen. Wir bemerken dann, dass „da etwas ist, was mich hindert", ohne dass wir es benennen oder gar erkennen könnten. Wir haben dann das Gefühl, wir hätten uns festgefahren.

Das folgende Verfahren ermöglicht einen **Zugang zu den schwerer erfassbaren Aspekten unserer eigenen Persönlichkeit.** So besteht eine gute Möglichkeit den Knoten bei der Entscheidungsfindung zu lösen.

Praktisches Vorgehen

Und so geht es:
- Nehmen Sie eine entspannte Haltung ein und schließen Sie die Augen.
- Erinnern Sie sich an eine Situation, in der Sie die Schwierigkeit, um die es geht, das letzte Mal bei sich wahrgenommen haben.
- Stellen Sie sich dann ein Symbol vor, das Ihr Erleben in dieser vergangenen Situation möglichst treffend wiedergibt. Folgen Sie dabei Ihrer ersten spontanen Eingebung.
- Malen Sie das Symbol auf ein Blatt Papier.

Nun beginnen Sie einen **Dialog** mit diesem Symbol und schreiben ihn auf. Beginnen Sie das Symbol anzusprechen, indem Sie mitteilen, welche Wirkung es auf Sie hat oder in welcher Form es Sie behindert (Stolperstein). Lassen Sie das Symbol antworten. Was zunächst ein wenig befremdlich wirkt und ein wenig zögerlich verläuft, wird nach einiger Gewöhnung wie von allein laufen. Schließen Sie den Dialog nach Möglichkeit mit einem befriedigenden Ende. Durch das uns oft eigene Bedürfnis nach Integration und Harmonie kommen wir bei dieser Übung leicht in Kontakt mit unserem inneren Ratgeber. Häufig übernimmt das Symbol sogar dessen Rolle (siehe Beispiel).

Übungsbeispiel

Der Dialog mit meinem inneren Stolperstein:
Dieses kurze Beispiel soll die Übung veranschaulichen.

Problembeschreibung:
Bei dem Gedanken, dass ich als freiberufliche Hebamme die alleinige Verantwortung für alle Entscheidungen mit allen Konsequenzen habe und wenn ich mir vorstelle, was alles an Aufgaben auf mich zukommt, die ich alle allein bewältigen muss, brummt mir schon jetzt der Schädel und ich verliere die Lust.

Situation aus der Vergangenheit:
Eigentlich hatte ich mich auf das letzte Weihnachtsfest gefreut. Doch nachdem ich tagelang Geschenke besorgt habe, mir Gedanken übers Essen gemacht habe und alle Vorbereitungen getroffen hatte, saßen mein Freund, die Kinder und ich unterm Tannenbaum. Mir war die Lust auf Fröhlichkeit vergangen. Ich war erschöpft und mein Kopf tat mir weh.

Symbol:
Als Symbol für diese Situation fällt mir spontan eine einsame Insel ein.

(Möglicher) Dialog:
„Du, einsame Insel bist weit und breit allein im Meer. Du bist der stürmischen See ausgeliefert."

„Das Meer ist auch stürmisch, aber meist ist es ruhig und die Wellen laufen sanft und angenehm auf meinen Strand. Außerdem schütze ich mich durch meine Dünen gegen Überschwemmung."

„Doch gegen wirklich schwere Fluten kannst du allein nicht bestehen."

„Dann hole ich mir Hilfe. Schiffe kommen vorbei und deren Besatzungen bauen Deiche."

Und so weiter und so fort

(Möglicher) Transfer:
Ich lebe in der Überzeugung, alles allein schaffen zu müssen. Realistisch betrachtet gibt es viele Möglichkeiten, mir Unterstützung zu holen, und es ist keinesfalls eine Schwäche, um Unterstützung zu bitten oder sie anzunehmen.

Durch den „Stolperstein" können Sie an einer Stelle auf ein Problem stoßen, das Sie in Ihrer Entscheidung behindert und Ihnen bislang nicht offen lag. Mit der Übung können Sie es sich bewusst machen. Möglicherweise können Sie ihn allein durch das Bewusstmachen schon bei Ihrer Entscheidungsfindung aus dem Weg räumen.

Sollte sich das Problem als hartnäckiger erweisen, dann ist es sinnvoll, sich **Supervision** oder **persönliche Beratung** zu holen.

Das Prinzip Tagebuch

Auch das Schreiben eines Tagebuches liefert einen praktikablen Ansatz für den inneren Dialog. Dabei schreiben wir Dinge nieder, die wir sonst kaum äußern würden und bringen beim Schreiben Ordnung in unsere Gedanken und Gefühle. Wenn wir uns wirklich einlassen, kommen wir im Laufe der Zeit immer mehr mit unserem inneren Ratgeber in Kontakt.

Schreiben Sie das Problem auf, um das es geht. Schildern Sie aus Ihrer Sicht alles, was ihnen durch den Kopf geht. Lassen Sie sich Zeit und setzen Sie sich nicht unter Druck, bald zu einer Lösung kommen zu müssen. Schreiben Sie, so lange Ihnen Gedanken kommen.

Lesen Sie dann Satz für Satz und stellen Fragen zu Ihrer Niederschrift. Behalten Sie dabei die **produktiven Ich-Zustände** (Erwachsenen-Ich, freies Kind und nährendes Eltern-Ich) im Auge. Hier einige Beispiele und Anregungen zu den *Fragen zu den produktiven Ich-Zuständen*, die Sie sich stellen sollten, da sie die Selbstberatung unterstützen:

Nährendes Eltern-Ich:
• Welches Maß an Fürsorglichkeit hast du dir und anderen gegenüber?
• Was würde eine Person zu dem Problem sagen, die du schätzt?

Erwachsenen-Ich:
- Was nimmst du wahr, wenn du diese Worte hörst?
- Was hast du bereits zur Problemlösung getan?
- Welche anderen Möglichkeiten siehst du?
- Was würde geschehen, wenn das Problem bestehen bleibt?

Freies Kind:
- Welche Gefühle werden deutlich?
- Welcher Gesichtspunkt löst am stärksten positive Gefühle aus?
- Was würdest du spontan am liebsten tun?

Abschließend können Sie noch zwei Fragen stellen:
- Welche Alternativen sehe ich?
- Wofür entscheide ich mich?

Was in der Darstellung des Verfahrens noch ein wenig abstrakt klingen mag, wird sich beim Tun konkretisieren.

Unterstützung von außen

Die vorgestellten Verfahren **können** eine Entscheidungsfindung voran treiben. Wem die Anwendung „im stillen Kämmerlein" nicht so rechte Fortschritte beschert, holt sich möglicherweise Unterstützung von Freunden. Manchmal ist es einfacher im Zwiegespräch mit Anregungen von außen, die gewonnen Erkenntnisse zu überdenken.

Und: es kann sinnvoll sein, sich **professionelle Unterstützung** zu holen. Die Kosten dafür mögen zunächst ein wenig abschrecken. Ich finde allerdings, dass sich die Investition angesichts der Bedeutung einer Karriereentscheidung durchaus angemessen ist.

Wie Sie diese Anregungen letztlich nutzen, das entscheiden Sie.

5. Ausstattung – Beschaffung

Grundsätzliche Überlegungen

Wenn Sie sich nun selbstständig machen, dann müssen Sie ihre Praxis ausstatten. Das kostet Geld. Wie viel, das hängt davon ab, wie groß Sie einsteigen.

> Ich kann Ihnen nur empfehlen: Halten Sie die Kosten am Anfang so gering wie möglich!

Vieles gibt es gebraucht, gelegentlich haben Kolleginnen im Ruhestand etwas zu verschenken, und in manchen Kliniken lässt sich vielleicht ein Schnäppchen machen mit einem ausrangierten CTG.

Auf der anderen Seite ist es wichtig, auf Qualität zu achten. Billig-Angebote können ein Reinfall sein.

Mein erstes Geburtsbesteck bekam ich von einer Kollegin im Ruhestand geschenkt – es war schon etwas angegriffen und man sah ihm die 35 „Berufsjahre" an. Für den Anfang reichte es. Doch als sich abzeichnete, dass „das Geschäft" läuft, kaufte ich neues auf dem Wochenmarkt. Bei einem fliegenden Händler. Es kostete etwa ein Fünftel von dem, was ich bezahlt hätte, wenn ich die Instrumente im medizinischen Fachhandel erworben hätte. Die geringere Qualität reichte für meine Zwecke vollkommen aus. Ich benutzte die Nabelklemmen nicht 4-mal am Tag, sondern durchschnittlich nur 4-mal im Monat.

Gespart habe ich auch beim RR-Gerät. Hier war es jedoch an der falschen Stelle. Es war ein billiges Gerät, das mich jedes Mal auf 180 brachte, da es ständig auseinander flog.

> Je größer eine Praxis ist, um so mehr muss darauf geachtet werden, dass das anzuschaffende Material nicht nur in gutem, sondern auch in vorzeigbarem Zustand ist.

Erstens repräsentiert eine große Praxis/ein Geburtshaus anders als eine Hebamme alleine, und zweitens werden die Arbeitsgeräte in einer großen Praxis häufiger gebraucht und so auch stärker belastet.

Was Sie nun im Einzelnen benötigen hängt davon ab, für welche Form der Freiberuflichkeit Sie sich entschieden haben. Im Folgenden benenne ich einzelne Aspekte, die wichtig sind. Dabei gibt es nur wenige Listen zum Abhaken, da die Variationsmöglichkeiten und daraus folgend die Bedürfnisse sehr unterschiedlich sind.

Eigene Listen erstellen

Am besten erstellen Sie sich Ihre eigenen Listen, die Sie Stück für Stück abarbeiten. Natürlich kann es vorkommen, dass so eine Liste nicht vollständig ist und Sie nach geraumer Zeit feststellen, dass etwas fehlt; dass Sie zum Beispiel keinen Papierkorb eingeplant haben. Ein derartiges kleines Manko lässt sich aber in der Regel schnell beheben. Häufiger wird es vorkommen, dass im Gründungseifer zu viel angeschafft wird.

Büro, Schreibtisch oder Küchentisch?

Wie bereits erwähnt, hat die freiberufliche Hebamme auch am Schreibtisch zu tun – und der Umfang dieser Arbeit sollte nicht unterschätzt werden. Doch diese Arbeit muss nicht unbedingt an einem Schreibtisch gemacht werden. Schon gar nicht muss einer gekauft werden! Unerlässlich ist jedoch ein Platz, an dem sie Rechnungen schreiben und ihre Dokumentation machen kann. Dafür kann auch der Küchentisch herhalten.

Größere Hebammenpraxen oder Geburtshäuser sollten auf jeden Fall ein (nicht zu kleines) Büro mit einplanen.

Erfahrungen

Eine Kollegin von mir erledigte in den ersten Jahren ihrer Freiberuflichkeit allen Schreibkram am Küchentisch. Sie hatte die „Hebammenpapiere" in einem großen, wohl sortierten Karton – so eine Art mobiles Büro –, und wenn sie Büroarbeit machen wollte, stellte sie sich diesen Karton auf besagten Küchentisch. Später kaufte sie sich dann doch einen Schreibtisch, weil sie den Platz hatte und es dann doch etwas bequemer war.

Als wir das Geburtshaus gründeten, dachten wir, die Schreibarbeiten und dergleichen erledigen sich so nebenbei – obwohl unsere Existenzgründungsberater uns ermahnten, diesen Aspekt nicht zu unterschätzen. So planten wir ganze sechs(!) Quadratmeter für das Büro. Für die gesamte Buchhaltung (Löhne und Finanzen), alle Schreibarbeiten, Kundenkartei und den Telefondienst. Nach vier Wochen lagerten wir den Telefondienst aus, nach knapp sechs Monaten die Akten der Frauen, die gerade in der Betreuung waren. Dennoch platzte – und platzt – das Büro aus allen Nähten. Auch das Archiv wurde, so gut es ging, ausgelagert. Es half nichts. Das Büro ist und bleibt winzig und beengt. Es ist nur dem großen Organisationstalent der Hebammen zu verdanken, dass heute dort zwei Kolleginnen gleichzeitig arbeiten können – weil sie es müssen.

Nicht alles sofort kaufen!

Nun ist es mit der Entscheidung, wo Sie Ihre Schreibarbeiten erledigen wollen, nicht getan. Dieser Arbeitsplatz muss auch noch ausgestattet werden. Da gibt es einiges Unerlässliches und vieles, was zunächst nicht dringend nötig ist. Hier können Sie zu Anfang viel sparen.

Ein Tipp: Schaffen Sie sich solche Dinge wie Karteikarten, Hängeregister und ähnliches erst an, wenn Sie es wirklich brauchen.

In manchen Gründungs-Ratgebern stehen lange Listen, was alles besorgt werden sollte. Studieren Sie diese Listen – mit all Ihrer Neugierde – und kaufen Sie nur das, von dem Sie sicher wissen, dass Sie es auch benötigen. Das ist ähnlich wie mit den Eltern nach der Geburt. Viele brauchen sehr viel weniger als sie zu Beginn dachten, oder sie benötigen ganz andere Dinge. Etliches, was zunächst unentbehrlich erscheint, verstaubt schließlich ungenutzt in der Ecke. Außerdem wissen Sie noch gar nicht, ob Ihnen ein Hängeregister-System mehr liegt als ein Ablagesystem; oder vielleicht wollen Sie am liebsten alles in Ordnern verstauen – das stellt sich erst im Laufe der Zeit heraus; so lange können Sie sich mit Provisorien behelfen.

Größere Anschaffungen – wie zum Beispiel einen Computer – können Sie auch dann noch tätigen, wenn das Rechnungen-Schreiben an Umfang zunimmt und Sie sicher sind, dass Ihre Praxis auch laufen wird und Sie dabei bleiben werden.

Größere Praxen

Wenn Sie für die Praxisgründung einen Existenzgründungskredit beantragt haben (s. S. 89), dann bietet es sich an, das Geld auch in die Ausstattung der Praxis zu investieren. Das empfiehlt sich vor allem bei größeren Praxen, denn dort ist es wichtig, von Anfang an ein Büro zu haben, in dem sich mehrere Personen zurecht finden. Außerdem ist hier auch die zu verwaltende Datenmenge (wenn ich das mal so „sachlich" sagen darf) größer.

Telefon

Eine freie Praxis ohne Telefon ist undenkbar. Die meisten Menschen haben allerdings ohnehin eines.

Handy

Wer Hausgeburten betreuen will, ist heute mit einem Handy gut bedient – die sind nicht mehr so teuer. Auch ohne Hausgeburten verschafft das mobile Telefon der Hebamme einige Freiheiten und erspart das lästige Fern-Abfragen des Anrufbeantworters. Wermutstropfen: Die Eltern, die ihre Hebamme zur Geburt rufen, müssen recht hohe Gebühren zahlen.

Beim Kauf eines Handys sollten Sie darauf achten, dass Sie eine **Mailbox** einrichten können. Das gibt Ihnen die Freiheit, das Gerät auch mal abzuschalten – beim Leiten von Kursen sehr zu empfehlen; aber auch für die eigene Freiheit. Wenn Sie keine Rufbereitschaft für Geburten machen, ist das ja möglich. Dann haben die Frauen die Möglichkeit, auf den „Handy-Anrufbeantworter" zu sprechen, sodass Sie zurückrufen können, wenn Sie Zeit haben.

Es geht auch ohne Pieper, Quix oder Handy – doch das ist eher die ungewöhnliche Ausnahme: Ich hatte mal eine Hausgeburts-Kollegin, deren Ehemann Hausmann und gleichzeitig der „Anrufbeantworter" war. Er wusste immer, wo sich seine Frau gerade befand – bei welcher Schwangeren oder Wöchnerin oder wo zur Geburt. Er war die Kontaktstelle. Nach vielen Jahren dieser Diensttätigkeit war er so fit, dass er sicher entscheiden konnte, welche Anrufe dringend weitergeleitet werden mussten und wo er die Telefonnummer für einen späteren Rückruf notieren konnte. Der Vorteil dieses Systems: die Anruferin hat immer einen persönlichen Ansprechpartner, keine Maschinen mit denen sie kommuniziert; und die Hebamme erreichten unterwegs nur die wirklich dringenden Anrufe – dank ihres häuslichen „Filters".

Anrufbeantworter und zweite Rufnummer

Wer keine Rufbereitschaft für Geburten hat, kommt in der Regel mit einem normalen Telefon mit **Anrufbeantworter** aus. Zur besseren Trennung zwischen „privat" und „dienstlich" eignet sich eine zweite Rufnummer. Ein Fax-Gerät ist nicht erforderlich. Sicherlich ist es manchmal praktisch eines zu haben – aber wie gesagt: dringend notwendig ist es nicht!

Büromaterial

Briefpapier / Stempel

Eigenes Briefpapier zu haben ist schön – aber nicht unerlässlich. Lassen Sie sich lieber Zeit, einen Briefkopf zu entwickeln, den Sie richtig gut finden (s. CI S. 103). Zu Beginn tut es ein einfacher Stempel. Wenn er neben der Adresse auch die Telefonnummer enthält, dann ist er universal einsetzbar – und kostet deutlich weniger als Briefpapier.

Formulare / Vordrucke

Über den Versand des Hebammenforums und des Staude-Verlages können Sie Vordrucke beziehen, die Ihre Arbeit erleichtern können (siehe Bestell-Listen Hebammenforum oder DHZ). Auch über die Abrechnungsprogramme lassen sich Vordrucke ausdrucken.

Ich habe mir im Laufe der Jahre so ungefähr jedes erhältliche Hebammenformular schicken lassen. Abgesehen von den Rechnungsblöcken und den Vorlagen zur Bescheinigung des Geburtstermins lagern alle anderen Formblätter nach wie vor ungenutzt in einer Schreibtischschublade. Ich habe mir die meisten Formulare selber entworfen – wobei die käuflich erworbenen wichtige Hinweise enthielten, auf was ich beim Verfassen eigener Texte achten musste.

Sonstiges

Und natürlich benötigt die Hebamme für ihren Schreibtischarbeitsplatz die ganz normale Ausstattung an Stiften, Büroklammern, Heftern und dergleichen. In den meisten Haushalten befindet sich eine Grundausstattung, die fürs erste Starten völlig ausreicht.

Computer

Ein Computer ist für Hebammenarbeit nicht unabdingbar, für eine größere Praxis mit mehreren Hebammen möchte ich ihn jedoch empfehlen.

Wem der Computer suspekt ist, wer es nicht mehr lernen will, der muss es auch nicht! Abrechnung und Buchhaltung lassen sich auch ganz normal mit Zettel, Stift und Stempel erledigen.

Wer schon einen Computer hat, kann ihn auch für die Arbeit gut einsetzen: Angefangen von den extra für Hebammen entwickelten Abrechnungsprogrammen über die Verwaltung der zu betreuenden Frauen bis hin zur Steuererklärung.[16]

Meine Kollegin findet: Der Computer und die für Hebammen entwickelten Rechnungsprogramme vereinfachen die Arbeit sehr. Auch für die Steuererklärung hinterher. Außerdem lassen sich mit diesen Programmen auch Formulare (zum Beispiel über den voraussichtlichen ET) ausdrucken. Sie schwört drauf.

Ich bin als freiberufliche Hebamme mit dem Abrechnungsblock und einem selbst entwickelten System der Daten-Verwaltung jahrelang gut ausgekommen. Mir hat der Computer nie gefehlt. Selbst als ich später einen hatte, habe ich ihn nie für meine Hebammenarbeit benutzt.

Kopierer

Einen eigenen Kopierer zu haben, ist schon etwas Feines. Er erspart lästige Wege. Wirklich brauchen tun die meisten Hebammen ihn nicht. Bezahlbare Geräte sind sehr langsam und können außer normalen Eins-zu-eins-Kopien in der Regel nicht viel. Neben den Anschaffungskosten muss immer auch mit Wartungskosten gerechnet werden.

Zu Beginn hatten wir im Geburtshaus keinen Kopierer. Das war nervig. Ständig musste jemand – manchmal nur für eine Seite – zum Copy-Shop laufen. Sehr bald beschlossen wir, einen Kopierer zu erwerben: Wir holten Angebote ein, verglichen, und erwarben schließlich ein kleines, einfaches aber bezahlbares Gerät. Damit hatten wir ein neues Problem: Die Kollegin, die in dem winzigen Büro arbeitete, weigerte sich – zu Recht – ständig neben diesem Gerät zu sitzen, das Toner-Staub ausstieß. Nach einigem Überlegen fanden wir einen Platz im Archiv.

Im Geburtshaus wird viel kopiert: Anamnesefragebögen, Infozettel für die Eltern, Aufklärungsbögen und und und – ganz zu schweigen von der Weihnachtspost. Unser kleiner Kopierer schnaufte und lief heiß, wenn er mehr als zehn Seiten kopieren sollte. Bald war klar, dieses

---

[16] Bei Computern werden in der Regel PCs und MACs unterschieden. Ein PC ist ein so genannter „Dos- oder Windows-Rechner". So heißen im Prinzip fast alle Computer, die mit der Software von Microsoft laufen. MACs laufen mit der Software von Macintosh/Apple. Wenn Sie sich Rechnungsprogramme kaufen, dann erkundigen Sie sich, mit welchem System Sie arbeiten, damit Sie die dafür passenden Programme erwerben können. Sonst kann es böse Überraschungen geben.

Gerät ist für unsere Zwecke nur teilweise geeignet: Für das Kopieren geringer Mengen. Doch auch das fiel täglich an.

Wir rechneten erneut und holten Angebote ein. Leasen oder kaufen? Und wohin mit einem großen Gerät?

Schließlich entschieden wir uns, unser Gerät für den täglich Kleinkram zu behalten und größere Mengen (100 mal den Anamnesebogen mit vier Doppelseiten) außer Haus in einen Copy-Shop zu geben.

Mobiliar

Größere Praxen oder auch Geburtshäuser, die ein eigenes Büro haben, müssen hier mit größeren Anschaffungen rechnen, da neben Papierkram und all den Dingen, die zum Schreiben benötigt werden, auch Mobiliar angeschafft werden muss. Einiges kann man möglicherweise zunächst günstig gebraucht erwerben. Aber wenn das Büro zum allgemeinen Stil der restlichen Praxis passen soll, dann eignet sich Zusammengeklaubtes nicht unbedingt.

Nicht zu unterschätzen ist der Platz, der im Laufe der Jahre für **archivierte Dokumentation** und **Abrechnungsordner** erforderlich ist. Zumindest die Dokumentation sollte vor unbefugtem Zugriff gesichert, aufbewahrt werden; schließlich sollen diese Unterlagen 30 Jahre gelagert werden.

Praxisräume ja oder nein?

Grundsätzliche Überlegungen

Selbstredend benötigen größere Praxen eigene Räume. Eine Hebamme, die alleine arbeitet – ja selbst eine Mini-Praxis mit zwei Kolleginnen – braucht dagegen nicht unbedingt eigene Räumlichkeiten. Die Entscheidung dafür oder dagegen ist vom Konzept der Praxis abhängig – und auch von den örtlichen Gegebenheiten.

Wer **keine Kurse** macht, braucht auch keine Räume. Schwangerenvorsorge und Vorgespräche zum Beispiel lassen sich wunderbar bei der Frau zu Hause machen.

Ist aber geplant, dass die Praxis **Anlaufpunkt für werdende und gewordene Mütter und Väter** sein soll, dann geht es natürlich nicht ohne eigene Räume. Manche Hebammen richten sich diese Räume in ihrem Zuhause ein. Häufiger jedoch werden Räume angemietet.

Finanzielle Aspekte

Ob sich das lohnt, muss durchgerechnet werden. Dabei sollte eine **Mindestauslastung** festgelegt werden: Monatlich müssen mindestens so und so viele Kurse mit so und so vielen Teilnehmerinnen stattfinden, damit die Raumkosten gedeckt sind. Besser ist es natürlich, einen Überschuss zu erwirtschaften, allein schon um die Schulden abzutragen, die für gewöhnlich mit der Ausstattung der Räume entstanden sind (mögliche Geldquellen s. S. 88ff.); und eigentlich sollte auch noch etwas für die Hebammen übrig bleiben – schließlich ist das ihr Broterwerb.

Die **Vorteile** von eigenen Praxisräumen sind, dass sie nach dem wirklichen Bedarf und auch nach dem Stil der Hebamme eingerichtet werden können – sofern die Finanzen dies zulassen –, weniger Zeit für Wege benötigt wird und einen die Stapel ungeschriebener Rechnungen nicht „nach Feierabend" immer noch anlachen.

Kursräume

Eigene oder gemietete Räume

Kurse können in eigenen oder in gemieteten Räumen angeboten werden. Für einen Geburtsvorbereitungskurs in der Woche lohnt es sich in der Regel nicht, eigene Praxisräume zu haben. Da empfiehlt es sich eher, für eben diesen Kurs einen geeigneten Raum zu mieten.

Fremde Räume zu nutzen hat den Vorteil, dass Sie sich um nichts kümmern müssen und die Kosten sind in der Regel gleich bleibend – keine Stromnachzahlung, keine Scherereien z. B. bei einem Wasserschaden und dergleichen. Auch der Geldbeutel wird zu Beginn nicht zu sehr strapaziert, da oftmals Matten, Sitzkissen und ähnliches schon vorhanden sind. Übrigens ist es auch keine Schande, die Kursteilnehmerinnen und -teilnehmer zu bitten, sich für die Kursstunde eine Wolldecke mitzubringen.

Auf der anderen Seite müssen Sie die Räume nehmen wie sie sind (Atmosphäre) – und nicht selten müssen sie zu Beginn der Stunde auch noch umgeräumt werden.

Hausgeburts-Koffer

Wer Hausgeburten machen will, braucht einen Hausgeburts-Koffer. Wie dieser bestückt wird, ist unter anderem von der Vorliebe und der Arbeitsweise jeder Hebamme abhängig.

Es gibt eine Minimalversion, die sich beliebig erweitern lässt. Auf jeden Fall gehören in den Koffer nur Utensilien, die die Hebamme auch sicher bedienen kann. Wenn Sie nicht intubieren können, dann sollten Sie weder Intubationsbesteck noch ein Laryngoskop mit sich führen.

Mindestausstattung an Instrumenten

Mindestens brauchen Sie an Instrumenten:
- Hörrohr
- Geburtsbesteck (zwei Nabelschnurklemmen, eine Nabelschnur- und eine Epischere)
- Maßband
- Kinderstethoskop
- RR-Gerät inklusive Stethoskop

- Fieber-Thermometer
- Stauschlauch
- Nahtbesteck (Nadelhalter, 1 chirurgische Pinzette, 1 anatomische Pinzette, Faden-Schere, 2 Kocher-Klemmen)
- Mundkeil
- Ambu-Beutel mit Masken
- Sauerstoff-Flasche
- Eine exakte Uhr – mit Sekundenzeiger

Während meiner Ausbildung zur Hebamme wurde das mit der Geburtszeit nicht so genau genommen. Es wurde auf volle fünf Minuten auf oder abgerundet. So nahm ich die Geburtszeit in den ersten Hebammenjahren auch nicht so genau – wobei ich nicht auf- oder abrundete. Die Geburtszeit stimmte immer so plus-minus eine Minute. Bis ich eines Tages einen dringenden Anruf von frischgebackenen Eltern bekam: ob das Kind eher Null-uhr-eins oder Null-uhr-drei geboren sei, wollten sie wissen. Die von mir angegebene Zeit war Null-uhr-zwei. Zufällig erinnerte ich mich genau! Es war Null-uhr-zwei – nach meiner Uhr. Für die Eltern war das so wichtig, weil sie ein Horoskop für das Baby erstellen ließen und irgendein Haus gerade um Null-uhr-zwei von einem ins nächste Tierkreiszeichen wechselte. So baten sie mich, meine Uhr mit der Zeitansage abzugleichen – was ich natürlich gerne tat.

Seitdem verglich ich meine Uhr regelmäßig mit der Zeitansage am Telefon.

Ergänzungs-möglichkeiten

Und das bietet sich noch an:
- Für alle die es mögen: ein Dammschutztuch. Das kann gepresste Gase sein, ein Mullwaschlappen oder etwas anderes, das sich auskochen lässt.
- Ein Doptone ist gegenüber dem Hörrohr eine große Erleichterung, da auch ohne große Verrenkungen von Seiten der Hebamme Herztöne gehört werden können, wenn die Frau zum Beispiel im Vierfüßlerstand ist
- oder ein portables CTG
- Eine Babywaage zu haben, ist wunderbar. Besonders schön sind die Federzugwaagen, in denen das Neugeborene geschützt wie in einer kleinen Hängematte liegt. Diese Waagen sind leicht und lassen sich auf ein handliches Format zusammenfalten. Sie können aber auch den werdenden Eltern sagen, dass sie sich eine besorgen sollen. Apotheken verleihen diese für wenig Geld.
- Mit einem Beckenzirkel lassen sich ungefähre Daten über die Größe und Form des Beckens ermitteln. So kann die Hebamme bei einem schmalen Becken noch achtsamer sein. Manchmal führen diese Messungen jedoch zu Verwirrung: Theoretisch hätte ich mit meinen Beckenmaßen niemals spontan entbinden können – praktisch hat es dann doch funktioniert!

- Auch eine Einlaufkanne muss nicht sein – aber ich schwör drauf. Allerdings nicht zur Darmentleerung, da sind Klistiere angenehmer, sondern um Wehen in Gang zu bekommen. Viele Hebammen stehen dem Irrigator jedoch ablehnend gegenüber – vielleicht weil ihnen die Vorstellung, so viel Wasser in den Darm zu bekommen selbst unangenehm ist. Sie bevorzugen zum „Wehen-Machen" andere Methoden – von denen es reichlich gibt.
- Eine chirurgische Pinzette zum Öffnen der Fruchtblase
- Spekulum
- Einen Gebärhocker zu haben ist schön – aber nicht erforderlich. Die meisten Wohnungen bieten eine Fülle von Möglichkeiten, es der Frau zum Gebären „gemütlich" zu machen: mit Kissen und Polstern und Stühlen – der Fantasie der Hebamme und der werdenden Familie sind keine Grenzen gesetzt.

Mindestausstattung Einmalartikel

An Einmalartikeln benötigen Sie auf jeden Fall:
- Sterile Untersuchungshandschuhe
- Unsterile Handschuhe
- Einmalspritzen: 2 ml, 5 ml, 10 ml
- Kanülen: 17er, 12er, 2er und 1er
- Allergiearmes Pflaster (eine Rolle) und Mull-Gase
- Sterile und unsterile Tupfer
- Urinkatheter
- Gepresster Zellstoff (zum schnellen Wickeln von Tamponaden bei Gefäßblutungen in der Scheide)
- Nabelklemmen
- Nahtmaterial (Chirurgische Nadeln, Faden unterschiedliche Stärken, „Mäuschen", Tupfer, Tücher zum Sterilisieren)
- Große Krankenunterlagen
- Wärmefolie aus Alu
- Schleim-Absauger/Mukos-Extraktor
- Blutröhrchen für Nabelschnurblut
- Urinsticks
- Lackmuspapier oder vergleichbares

Wichtige Medikamente

Wichtige Medikamente sind:
- Kontraktionsmittel (Methergin, Orasthin, Oxytocin)[17]
- Tokolytika[18]
- Beta-Mimetica (z. B. Berotec-Spray®)
- Lokalanästhetikum für die Naht
- Kreislaufmittel

---

[17] Seit dem 1. Januar 1991 dürfen Hebammen Orasthin, Oxytocin und Methergin rezeptfrei in der Apotheke erwerben. Rechtliche Grundlage hierfür ist die des § 48 des Arzneimittelgesetzes (AMG). Die Kosten können dann der Kasse der Eltern in Rechnung gestellt werden

[18] Auch für die Notfall-Tokolys wurde das AMG § 48 geändert. Seit dem 1.7.1999 dürfen Hebammen „Fenoterol und seine Salze" rezeptfrei in Apotheken beziehen

- Notfalltropfen
- Arnika
- Vitamin-K/ Phytomenadion (z. B. Konakion®)
- Alkohol zum Desinfizieren
- etwas für die Crédesche Prophylaxe[19]
- und alle Mixturen, Präparate und Medikamente, mit denen Sie gerne arbeiten: Bachblüten, homöopathische Arzneien, Tees, Akupunkturnadeln und dergleichen

Mögliche Extras

Als mögliche Extras:
- Dauerkanülen
- Infusionsbesteck
- wer einen Irrigator hat, braucht auch Darmrohre
- Infusionen (Kochsalz oder Glukose)

Dokumente

An Papieren benötigen Sie unbedingt:
- Dokumentationsbögen (Partogramm)
- Perinatal-Erhebungsbögen für außerklinische Geburtshilfe
- Gelbe Kinderhefte
- Anzeige der Geburt für das Standesamt (das Kind wird stets da angemeldet, wo es geboren wurde und nicht dort, wo die Eltern gemeldet sind)
- Namenszettel für das Standesamt
- Transportscheine für den Rettungswagen

Sonstiges...

und eventuell:
- Stempel
- Berichtbogen für den behandelnden Gynäkologen

Tasche / Koffer

Das Ganze muss dann natürlich verstaut werden – in eine **Tasche** oder so. Es muss aber nicht eine spezielle aus dem Fachhandel für rund tausend Mark bzw. fünfhundert Euro sein. Zumindest am Anfang tut es auch eine ganz normale, robuste Tasche oder ein kleiner Koffer.

Sterilisieren der Instrumente

Schließlich müssen Sie sich noch darum kümmern, wo Sie Ihre **Instrumente sterilisieren** lassen können: Haben Sie Kontakte zu einer Arztpraxis? Oder noch zu der Klinik, in der Sie zuletzt arbeiteten? Oder zu einem Geburtshaus in Ihrer Nähe?

Sie können die Sachen auch im Backofen sterilisieren – etwa eine Stunde bei 200°C. Ich habe mir dabei allerdings immer die Tücher verkohlt, in die ich die Instrumente eingewickelt hatte.

---

[19] Die gesetzliche Pflicht zur Credéschen Prophylaxe ist aufgehoben.

Wochenbett-Tasche

Was Sie in Ihrer Wochenbett-Tasche haben, ergibt sich aus Ihren Vorlieben: Ob Sie nun für die Dammnaht Retterspitz, Calendula, Hame-
tum, Traumeel oder etwas anderes mit sich führen, ist letztendlich
egal. Wichtig ist nur, *dass* Sie etwas zur Versorgung der Dammnaht
dabei haben.

Inhalt der Wochen-
bett-Tasche

Für diese Bereiche sollten Sie sich ausrüsten:
* Nabelpflege
* Hautpflege beim Neugeborenen
* Brustwarzenpflege und -behandlung
* Milcheinschuss
* Milchproduktion[20]
* Milchstau / Mastitis
* Sectio-Narbe
* Dammnaht
* Hämorriden
* Verdauungsprobleme bei der Mutter
* Rückbildung der Gebärmutter
* Prophylaxe und Behandlung von Ikterus neonatorum

Ausstattung für die Schwangerenvorsorge

Egal, ob Sie die Vorsorge bei sich oder in der Wohnung der Schwangeren machen, Ihre Arbeitsutensilien sind die gleichen:

Mindestausstattung

Unbedingt brauchen Sie:
* RR-Gerät
* Hörrohr
* Zentimetermaß
* Sterile und unsterile Handschuhe
* Urinbecher und Sticks
* Lackmus- oder Bromtymol-Test
* Überweisungsscheine für das Labor
* Mutterpässe
* Einlegeblätter des Hebammen-Landesverbandes Schleswig-Hol-
  stein für den Mutterpass. Sie geben Raum für zusätzliche wertvolle
  Informationen, die sowohl der Wochenbett-Hebamme als auch den
  betreuenden Ärzten und versorgenden Kliniken dienlich sind.
* Gravidogramm
* Blutröhrchen

---

[20] Ob sie sich ein Brusternährungsset zulegen, oder den Eltern nahe legen, eines
zu kaufen, wenn sich abzeichnet, dass das Baby länger damit gestillt werden
muss, bleibt Ihnen überlassen.

Mögliche Extras

Und als Extras:
- CTG
- Stauschlauch
- Beckenzirkel
- Liege (in eigener Praxis)
- Personen-Waage
- Nierenschalen

Für Abstriche

Und wenn Sie Abstriche machen wollen:
- Spekula
- Objektträger

Bezugsquellen / Beschaffung von Medikamenten und Papieren

Das gesamte Material für eine freie Hebammenpraxis müssen Sie sich an verschiedenen Orten besorgen. Einiges halten spezielle Ausstatter bereit. Doch viele Papiere müssen Sie sich bei der Krankenkasse oder bei Behörden besorgen, einen Großteil gibt es beim BDH oder beim BfHD.
- **Mutterpässe**; zu beziehen bei der kassenärztlichen Vereinigung (KV), beim BDH oder beim BfHD (Adressen im Anhang);
- **Anzeigen zur Geburt** (für das Standesamt) und die Vornamenszettel bekommen Sie beim Standesamt;
- **Gelbe Kinderhefte**; zu beziehen bei der kassenärztlichen Vereinigung oder über die Berufsverbände;
- **Medikamente** bekommen Sie in der Apotheke. Es gibt durchaus Apotheker, die mit sich handeln lassen und Ihnen als Großabnehmerin einen Rabatt geben;
- **Rezeptpflichtige Medikamente** müssen von dem behandelnden Arzt für die jeweilige Frau verschrieben werden (z. B. Anti-D), Ausnahmen sind Kontraktionsmittel und Tokolytika (vgl. Fußnote 17 und 18 S. 72);
- **Perinatal-Erhebungsbögen** für außerklinische Geburtshilfe (siehe S. 37f.) erhalten Sie über den QUAG e.V. (Adresse im Anhang); Die Erhebungsbögen kosten 10,– Mark pro Stück; die Teilnahme an der Erhebung können Sie mit eben diesem Betrag bei der Kasse abrechnen;
- **Medizinischen Bedarf** und **Verbrauchsmaterialien** (Klemmen, Scheren, Presswatte, Moltex®-Unterlagen und dergleichen) bekommen Sie in Bedarfs-Geschäften (Anschriften finden Sie in den Gelben Seiten). Da ist es in der Regel günstiger als in einer Apotheke. Lassen Sie sich mehrere Angebote zuschicken und machen Sie einen Preisvergleich.

Wissen

Man muss viel wissen, um wenig zu tun
(frei zitiert nach W. Pschyrembel).

Dem eigenen Wissen vertrauen

Ganz in diesem Sinne sollten Sie Ihr Wissen stets auffrischen. Sie haben jetzt niemanden mehr, auf dessen Wissen Sie sich während der Arbeit verlassen können. Selbst wenn Sie mit einer Kollegin zusammenarbeiten: Sie sollten sich immer Ihrer eigenen Kompetenzen sicher sein können. Manchmal ist es verführerisch, auf das Wissen einer Kollegin zu vertrauen; doch dabei kann man sich in falscher Sicherheit wiegen; zudem birgt das die Gefahr von Unaufmerksamkeiten.

Als „Alleine-Hebamme" hatte ich immer alle Sinne beisammen. Wenn ich im Geburtshaus Frauen betreute, fühlte ich mich mit einigen Kolleginnen, von deren Wissen ich viel hielt, so sicher, dass ich mich manchmal etwas zurücklehnte. Ich verließ mich auf meine Kollegin. Das war so schön entspannend.

Dabei kam es (ausgesprochen selten, aber immerhin) so weit, dass ich in kritischen Situationen nicht mehr wusste, was ich tun sollte – in Situationen, die ich alleine durchaus gemeistert hatte. Ich hatte nicht mehr alle Sinne beisammen und dachte: „Die wird schon wissen, was zu tun ist. Die weiß auch sonst so viel." Das kann fatale Folgen haben. Vor allem dann, wenn beide Kolleginnen sich jeweils auf die andere verlassen.

Fortbildungspflicht

In der Freiberuflichkeit sind regelmäßige Fortbildungen Grundvoraussetzung für sicheres Arbeiten. Außerdem sollten Sie mindestens ein Fachblatt abonnieren.

Supervision

Ihre Arbeit wird zusätzlich bereichert, wenn Sie **Ihr eigenes Handeln reflektieren**; sich also ein Wissen über Ihr Tun, über Ihre Möglichkeiten und über Ihre Grenzen erwerben. Dazu eignet sich Supervision hervorragend (s. S. 31). Mir begegnet immer wieder Naserümpfen: „Die hat ihre Probleme nicht im Griff. Die braucht so viel Supervision." Meines Erachtens sollten alle Menschen, die professionell mit der Betreuung anderer Menschen zu tun haben, grundsätzlich Supervision in Anspruch nehmen. Dies ist kein Zeichen von Schwäche, sondern eines von Stärke. Es zeigt die Bereitschaft der Hebamme (in diesem Fall), ihren Umgang mit den zu betreuenden Familien zu hinterfragen. Außerdem hilft es, vieles von dem Erlebten besser zu verarbeiten.

6. Schritt für Schritt in die Selbstständigkeit

Wenn Sie sich nun für die Freiberuflichkeit entschieden haben, dann können Sie Schritt für Schritt loslegen. Wie gründlich Sie jeden der folgenden Schritte ausführen, bleibt Ihnen überlassen: ob Sie nun ein detailliertes Konzept machen, eine akkurate Finanzplanung und wie intensiv Sie Akquise[21] betreiben (Kür).

> Die Anmeldung beim Finanzamt, der Bundesversicherungsanstalt für Angestellte (BfA), der Krankenkasse oder der Berufsgenossenschaft für Wohlfahrtspflege sind gesetzlich vorgeschrieben (Pflichtprogramm).

1. Schritt: Konzept

Ein inhaltliches Konzept zu erstellen, kommt einem großen Puzzle gleich. Da müssen die eigenen Fähigkeiten genau betrachtet, die Interessen der Zielgruppe analysiert und die Konkurrentinnen in die Planung einbezogen werden.

Eigene Stärken und Schwächen

Stärke-Schwäche-Profil erstellen

Bevor Sie sich ein Konzept machen, sich also genau überlegen, wie Ihre freiberufliche Arbeit aussehen soll, empfiehlt es sich, ein **Stärke-Schwäche-Profil** zu erstellen. Das heißt, Sie benennen für sich, was Sie gut können und was Sie nicht so gut beherrschen.

Wenn dann beispielsweise herauskommt, dass Sie sich selbst die Zeit nicht gut einteilen können und dass Sie gerne mit Schwangeren arbeiten, es Ihnen aber nicht liegt, Kurse zu leiten, dann wäre eine Überlegung, ob Sie nicht nach einer Möglichkeit suchen, Schwangerenvorsorge in einer Arztpraxis anzubieten. Dort haben Sie den äußeren Rahmen, dass Sie zu bestimmten Zeiten Termine haben und Sie können mit Schwangeren arbeiten.

Wenn Sie eine ausgesprochene Stärke haben, dann versuchen Sie daraus Kapital zu schlagen. Wenn Sie z. B. fundierte Akupunkturkenntnisse haben, dann könnten Sie eine Akupunktur-Sprechstunde bei Schwangerschaftsbeschwerden oder zur Geburtsvorbereitung einrichten.

Dabei ist es egal, ob Sie Ihre Stärken und Schwächen Stück für Stück aufschreiben, oder sich im Geiste Ihren Traumjob zurechtlegen und dann versuchen, ihn so gut es geht der Realität anzupassen.

---

[21] Unter Akquise versteht man sämtliche Aktivitäten zur Kundengewinnung. Hierbei handelt es sich nicht um Werbung.

> Auf keinen Fall sollten Sie etwas machen, das Ihnen ganz und gar nicht liegt, nur weil Sie glauben, dass „man das machen muss"!

Geburtsvorbereitungskurse waren mir immer ein Gräuel. Ich habe das Lampenfieber vor jeder Stunde (auch noch nach 15 Jahren) nicht gut vertragen. Es gab Phasen, da war ich drei ganze Tage lang vor einem Kurs-Abend in nervöser Anspannung; sozusagen die halbe Woche. Das frisst unglaublich viel Energie. Also beschloss ich eines Tages, keine Vorbereitungskurse mehr anzubieten. Schluss. Das gefiel mir.

Doch bald musste ich feststellen, dass ohne Vorbereitungs-Kurse die Anmeldungen für die Wochenbetten drastisch abnahmen. Also hospitierte ich noch einmal bei einer Kollegin, bildete mich fort und bot erneut Kurse an. Anstrengend blieb es bis zum Schluss – obwohl mir das Unterrichten, wenn ich erst einmal dabei war, sehr viel Spaß gemacht hat. Und ich war sicherlich auch keine ausgesprochen lausige Geburtsvorbereiterin. Dennoch: Das Lampenfieber habe ich nie in den Griff bekommen.

Bei Babymassage-Kursen hatte ich übrigens kaum – oder gar kein – Lampenfieber.

Analyse der Zielgruppe

Bedarfsanalyse

Haben Sie sich nun für ein erstes berufliches Profil entschieden, muss es noch den äußeren Gegebenheiten angepasst werden:
- Wie sieht der Bedarf aus?
- Was wollen die Frauen, die Sie erreichen können? Lieber Schwangerschaftsgymnastik oder lieber Yoga? Lieber einen Wickelkurs oder lieber eine Kurseinheit: Leben mit einem Neugeborenen?

Das können Sie zum Beispiel herausbekommen, indem Sie Kolleginnen oder Gynäkologinnen in der Gegend befragen. Bei Ihrem späteren Angebot kommt es zunächst nicht darauf an, was Sie genau in dem Kurs anbieten, sondern wie Sie ihn verkaufen.

Wenn Sie also finden, dass das Wickeln- und Badenlernen an Babypuppen nicht so hilfreich ist, aber Ihre Klientel sich genau das wünscht, dann sollten Sie so einen Kurs anbieten. Ob Sie dann während der Kursstunden dezent den Inhalt in Ihrem Sinne erweitern, ist alleine Ihre Entscheidung. In jedem Fall sollten Sie darauf achten, dass Sie die werdenden Eltern da abholen, wo sie stehen, sie also nicht mit allzu innovativen Ideen überrollen; außer Sie arbeiten in einem Umfeld, in dem Angebote gar nicht ausgefallen genug sein können – schon um sich von der Konkurrenz abzugrenzen.

Sich selbst treu bleiben

Auf der anderen Seite sollten Sie **sich selbst treu bleiben**. Das kommt immer am besten bei den Frauen und Paaren an. Schließlich leben Sie irgendwann überwiegend von Mund-zu-Mund-Propaganda – also von Ihrem Ruf.

Analyse der Konkurrenz

Nicht nur die Bedürfnisse der zu betreuenden Familien sollten Sie kennen, sondern auch das Angebot der Konkurrenz: Das sind alle Angebote, die Ihrer Zielgruppe gemacht werden; also nicht nur die von Kolleginnen.

Sie sollten also schauen:
- Gibt es schon ein Überangebot an Geburtsvorbereitung?
- Wenn ja, was gibt es für Alternativen: Schwangeren-Yoga? Schwangerschafts-Gymnastik? Wickelkurse?

Ermittlung des Arbeitsumfanges

Wenn Sie sich entschieden haben, was Sie wie anbieten wollen, dann müssen Sie sich überlegen: wie viel? wovon?

> Eine 38,5-Stunden-Woche bedeutet ungefähr 154 Stunden Arbeit im Monat.

Schwierige Kalkulation

Genaue Arbeitszeiten zu kalkulieren ist ausgesprochen schwierig: Der Wochenbettbesuch bei der einen Frau dauert 20 Minuten, bei einer anderen mindestens anderthalb Stunden. Manche Betreuungen sind nach einer Woche abgeschlossen, die Frau braucht offensichtlich keine Hilfe mehr, andere Familien bleiben über viele Wochen in der Betreuung. Dann kommt es wieder vor, dass angemeldete Frauen ganz aus der Versorgung herausfallen, bzw. kürzer als geplant betreut werden, z.B. weil sie eine Sectio bekamen. Andere brauchen eine besonders intensive Betreuung, z.B., weil sie ein Frühchen geboren haben.

Eine noch so gründliche Planung kann nur Anhaltspunkte liefern (wie das eben so ist in diesem Beruf). Erfahrungsgemäß gleicht es sich unterm Strich wieder aus – mit arbeitsintensiven und mit ruhigen Phasen.

Rechenbeispiele Arbeitsumfang

Rechenbeispiel: Ambulante Wochenbettbetreuung	
Ein ambulantes Wochenbett entspricht rund 22,5 Arbeitsstunden (die Anzahl der Betreuungen sind angenommene Durchschnittswerte):	
10 Besuche à 1 Stunde	~ 10,0 Stunden
10 mal 1/2 Stunde Weg	~ 5,0 Stunden
10 mal 15 Minuten Dokumentation	~ 2,5 Stunden
Rechnung schreiben, Telefonate, Wege, Buchhaltung, Archivierung usw.	~ 5,0 Stunden
Sechs Wochenbetten im Monat bedeuten also etwa 135 Stunden Arbeit.	

Rechenbeispiel: Geburtsvorbereitungskurs	
Ein Geburtsvorbereitungskurs entspricht etwa 15 Arbeitsstunden pro Monat (wenn er selbst organisiert ist):	
4 Doppelstunden	~ 8,0 Stunden
4 mal „Vor- bzw. Nachspiel" à 30 Min.	~ 2,0 Stunden
Vorbereitung 4 mal 20 Min.	~ 1,5 Stunden
Anmeldungsgespräche, Dokumentation, Abrechnung usw.	~ 3,5 Stunden

Rechenbeispiel: Vorgespräch	
Ein Vorgespräch entspricht etwa 2 Arbeitsstunden:	
Gespräch	~ 1,0 Stunden
Weg	~ 0,5 Stunden
Telefonate, Dokumentation usw.	~ 0,5 Stunden

Rechenbeispiel: Rückbildungskurs	
Ein Rückbildungskurs entspricht etwa 12,5 Arbeitsstunden pro Monat:	
4 Unterrichtsstunden à 60 Minuten	~ 4,0 Stunden
4 mal „Vor- bzw. Nachspiel" à 30 Min.	~ 2,0 Stunden
Vorbereitung 4 mal 15 Min.	~ 1,0 Stunden
Anmeldungsgespräche, Dokumentation, Abrechnung, Weg usw.	~ 3,5 Stunden

Rechenbeispiel: Mögliche Arbeitszeit

Bei der Berechnung der zu erwarteten Arbeitszeit muss also immer Zeit für Wege, Vor- und Nachbereitung, Dokumentation, Verwaltungszeit, anfallende Telefonate und dergleichen berücksichtigt werden.

Ermittlung der monatlichen Arbeitszeit	
Beispiel 1:	
6 Wochenbettbetreuungen	~ 135,0 Stunden
1 Geburtsvorbereitungskurs	~ 15,0 Stunden
6 Vorgespräche	~ 12,0 Stunden
4 Hilfeleistungen bei Schwangerschaftsbeschwerden	~ 8,0 Stunden
Summe	~ 170 Stunden
Beispiel 2:	
4 Wochenbettbetreuungen	~ 90,0 Stunden
1 Geburtsvorbereitungskurs	~ 15,0 Stunden
1 Rückbildungskurs	~ 12,5 Stunden
4 Vorgespräche	~ 8,0 Stunden
3 Hilfeleistungen bei Schwangerschaftsbeschwerden	~ 6,0 Stunden
Summe	~ 131,5 Stunden

2. Schritt: Finanzplan

Geldverdienen ist schön!

Wie bereits erwähnt, ist die freiberufliche Hebamme auch eine Geschäftsfrau. Das sollte sie sich klar machen. Es ist weit verbreitet unter Hebammen, Geld verdienen irgendwie als etwas Unanständiges anzusehen. Schade eigentlich.

Als ich noch Delegierte (Vertreterin) des HVH (Hebammenverband Hamburg) war, kam ich in den Genuss so einer Sitzung des BDH in Bonn beizuwohnen (etwa Mitte der achtziger Jahre). Es ging – wie sooft – um Geld; den Verdienst (monetär und moralisch) von freien Hebammen. Da standen einige selbstbewusste Kolleginnen auf und rechneten vor, dass eine Hausgeburt mit 600 Mark vergütet werden müsse, damit sie sich auch wirtschaftlich lohne. Die Kolleginnen wurden beguckt wie Ketzerinnen oder arme Irre. Überzogen und unrealistisch seien die Forderungen. Lieber realistisch (synonym mit bescheiden) bleiben. Der Gipfel der Bescheidenheit war der Beitrag einer Kollegin: „Ich finde es unerträglich, dass hier die ganze Zeit über Geld gesprochen wird. Wir machen unseren Beruf doch aus Liebe." Beifall vom Plenum.

Das war damals. Zum Glück hat sich einiges geändert. Die Haltung der Kollegin – damals – ist allerdings bis heute bei vielen Hebammen tief verwurzelt.

Geld zu verdienen ist nicht unanständig, sondern legitim – und schön. Und es darf auch gerne mehr als das Existenzminimum sein. Das heißt, Hebammen sollten wenigstens das abrechnen, was sie abrechnen können – und nicht sagen: „Ach, das mache ich eben so. Das mache ich ja gerne."

Denn: Arbeit darf auch Spaß machen und dennoch bezahlt werden! Ein weit verbreiteter Irrtum ist, dass das, was Spaß macht, keine Arbeit sein kann und keinen Lohn verdient. Lohn muss nicht im Schweiße des Angesichtes erarbeitet werden. Nun. Der Hebammen-Beruf ist anstrengend genug. Da darf er doch erstens Spaß machen und zweitens Geld bringen.

Wenn ich mal bei einer Hausgeburt nur eine halbe Stunde bis zur Geburt anwesend war, dann hab ich mich gefreut über das schnell verdiente Geld. Betreute ich die Frau 30 Stunden und musste am Ende die Geburt sogar abbrechen, habe ich mir nie meinen mageren Stundenlohn ausgerechnet (damals gab es nur eine Pauschale – egal wie lange die Geburt dauerte. Für abgebrochene Hausgeburten gab es natürlich weniger als für vollendete).

Finanzkonzept mit geschätzten Zahlen

So schwer es auch ist, genaue Zahlen zu ermitteln: vor einer Praxiseröffnung empfiehlt sich ein Finanzkonzept mit geschätzten ungefähren Zahlen.

> Das Konzept sollte zunächst eine Aufstellung der Anschaffungskos-
> ten enthalten und dann eine Übersicht über die zu erwartenden
> Einnahmen und Ausgaben für die ersten drei Jahre.

Es ist übrigens sehr interessant, dieses Finanzkonzept nach drei Jahren mit der Realität zu vergleichen. Daran lässt sich gut ablesen, welche Entwicklung die Praxis genommen hat.

Einnahmen

Gebührenverord-
nungen

Grundlagen für die Einnahmen der Hebamme sind die Hebammen-
Gebührenverordnung (HebGV), die Privatgebührenverordnungen der
Länder und das, was die Hebamme den Eltern an Gebühren für Leis-
tungen außerhalb der Gebührenverordnung in Rechnung stellt (wie
Partnerbeitrag in der Geburtsvorbereitung, Kosten für Babymassage-
Kurse und so weiter).

Achtung: Preisdumping unter Hebammen ist unkollegial. Selbst wenn
Sie es sich leisten können (z. B. weil Ihr Mann verdient, oder Sie keine
Raummiete zahlen müssen), einen Kurs günstiger als die Kolleginnen
der Nachbarschaft anzubieten und finden, dass mit den aktuellen
Preisen den armen Menschen das Geld aus der Tasche gezogen wird:
mit einem niedrigeren Preis machen Sie den (offensichtlich akzeptier-
ten) Marktpreis kaputt und gefährden womöglich die Existenz Ihrer
Kolleginnen, die von diesem kalkulierten Geld leben müssen. Etwas
anderes ist es, wenn Sie im Einzelfall(!) sozial schwachen Menschen
einen Nachlass oder Ratenzahlung gewähren.

Kalkulation von
Kursgebühren
außerhalb der
HebGV

Die einfachste Form, Gebühren für „Extra-Angebote" zu berechnen, ist
sich nach den Angeboten der Kolleginnen in der Nähe zu orientieren.
Sind Sie nun aber allein auf weiter Flur, dann sollten Sie folgende
Rechnung aufstellen:
- Raummiete
- Arbeitszeit (pro Unterrichtsstunde noch mindestens 15 Minuten
  Vor- und Nachbereitungszeit dazurechnen)
- Kosten für Werbung, Verwaltung, Organisation, Telefon und so wei-
  ter
Dann müssen Sie sich überlegen, wie viele Frauen/ Paare an diesem
Kurs teilnehmen sollen.

Rechenbeispiel

Beispiel: Babymassagekurs

Sie wollen Babymassage mit sechs Müttern und ihren Babys anbieten. Für den Raum zahlen Sie 25,– € Miete für 90 Minuten Unterricht (auch wenn Sie ihn nicht nutzen (also auch in den Ferien)). Der Kurs soll insgesamt sechs Termine beinhalten; sie planen insgesamt sechs Kurse im Jahr (zwischendrin Puffer und Urlaub).

Der **Raum** kostet Sie 1300,– € im Jahr (25,– € mal 52 Wochen).

Ihre **Arbeitszeit** beträgt 63 Stunden pro Jahr (6 Termine x 6 Kurse x 105 Minuten: 60). Sie sollten mindestens 20 € pro Stunde kalkulieren; also Erlös für die eigene Arbeit; das entspricht 1260,– €.

Kosten für Werbung, Verwaltung und dergleichen sind vielleicht 50,– € pro Monat, also 600,– € im Jahr.

$$\begin{array}{r} 1300\ \text{€} \\ +\ 1260\ \text{€} \\ +\ \ 600\ \text{€} \\ \hline 3160\ \text{€ Kosten pro Jahr} \end{array}$$

Diese Kosten wollen Sie in 6 Kursen à sechs Teilnehmer wieder hereinholen; also 3160 : 36 = 87,7 €.

In diesem Fall sollte ein Babymassage-Kurs, der über sechs Termine mit sechs Teilnehmerinnen à 90 Minuten geht, mindestens 85 Euro kosten.

Ausgaben

Betriebsausgaben

Als Betriebsausgaben sind unter anderem zu berücksichtigen:
* Raum- und Raumnebenkosten,
* Bürobedarf,
* Fachliteratur,
* Reise- und Kfz-Kosten,
* Steuerberatungskosten,
* Werbekosten,
* Fortbildungskosten,
* Telefonkosten,
* Porto,
* Nebenkosten des Geldverkehrs (wenn Sie ein Geschäftskonto haben, können Sie Zinsen und Kontoführungsgebühr berechnen),
* sowie Abschreibungen.

Abschreibungen für Abnutzung (AfA)[22]

Anschaffungen ab einem Einkaufswert von 800,– DM (ca. 400 €), werden nicht zu 100% im Anschaffungsjahr auf der Kostenseite verbucht, sondern abgeschrieben; das heißt: über eine „betriebsgewöhn-

---

[22] Die aktuelle AfA-Tabelle gibt es unter anderem beim Bundesministerium der Finanzen über Internet: **www.bundesfinanzministerium.de** oder auch bei www.steuernetz.de

liche Abschreibungsdauer" wird pro Jahr ein bestimmter Betrag der Ausgaben-Seite zugeschrieben.

Haben Sie Anschaffungen unter 800,– DM (z. B. ein Fax-Gerät), dann können Sie dies auch als **„geringwertiges Wirtschaftsgut"** im Jahr der Anschaffung zu 100% den Betriebsausgaben zurechnen. Man kann diese Anschaffungen aber auch abschreiben. Das lohnt sich vor allem dann, wenn in einem Jahr viele dieser Einkäufe getätigt wurden und/ oder Verluste erwartet werden.

Den meisten Anschaffungen (technische Geräte, Auto, Fahrrad, Schreibmaschine und dergleichen) spricht man eine Nutzungsdauer von **fünf Jahren** zu; Computer, Drucker, Telefonanlagen und Handys werden in vier Jahren abgeschrieben, Büromöbel in zehn. Um ganz sicher zu sein, erkundigen Sie sich bei einem Steuerberater.

Es wird die **lineare** und **degressive Abschreibung** unterschieden, die häufigste Form ist jedoch die lineare.

Ein Beispiel: Sie teilen den Kaufpreis durch die abzuschreibenden Jahre (lineare Abschreibung). Diesen Betrag können Sie nun jedes Jahr zu Ihren Betriebskosten rechnen. Haben Sie das Gerät erst in der zweiten Hälfte eines Kalenderjahres erstanden, dann können Sie in diesem Jahr nur die Hälfte des Betrages geltend machen – die letzte Hälfte dann entsprechend ganz am Ende.

Beispiel: Sie kaufen sich im September einen Computer (AfA vier Jahre, die Rate entspricht 25%) für 2400,– DM/1230,– €. Diesen können Sie im ersten Jahr mit 300,– DM/153,75 € abschreiben, in den folgenden drei Jahren mit je 600,– DM/307,50 € und im fünften Jahr wieder mit 300,– DM/153,75 €.

Insgesamt geltend gemacht: 2400,– DM/1230,– €.

Ermittlung des Jahreseinkommens[23]

Wenn Sie einen Existenzgründerkredit beantragen wollen, dann müssen Sie Ihren voraussichtlichen Gewinn vorab ermitteln – aber auch für die eigenen Planung ist so eine (geschätzte) Gewinnermittlung hilfreich, um zu wissen, was am Ende übrig bleibt!

Rechenbeispiel

Wichtig! Die folgende Berechnung ist ein Beispiel! Exemplarisch! Sie dient als Anhaltspunkt und lässt sich nicht einfach kopieren, da es sehr viele, von Hebamme zu Hebamme unterschiedliche Faktoren gibt, die die Gewinnermittlung berühren.

---

[23] Alle Rechnungen sind in DM und Euro – sowohl für die Gebühren in Ost- als auch in Westdeutschland. Das Rechnen in Euro erfordert (im Jahre 2001) ein Auf- und Abrunden. Das kann dazu führen, dass die Endergebnisse in DM und Euro unterschiedlich ausfallen.

Einnahmen pro Monat (Beispiel)			
Tätigkeit	Anzahl	DM/Euro West	DM/Euro Ost[24]
telefonische Beratungen in der Schwangerschaft	~ 20 Beratungen	200,–/102,26	172,–/87,94
Hilfeleistungen bei Schwangerschaftsbeschwerden	~ 7 x 30 Minuten	175,–/98,48	150,50/76,95
Hilfeleistungen an Sonn- und Feiertagen	~ 3 x 30 Min.	93,–/47,55	79,98/40,89
Vorsorgen	~ 5 Untersuchungen	200,–/102,26	172,–/87,94
Labor	~ 2-mal	20,–/10,23	17,20/8,79
Geburtsvorbereitung	~ 1 Kurs[25]	1120,–/572,65	963,20/492,48
Ambulante Wochenbetten	~ 5 Frauen[26]	2490,–/1273,11	2141,40/1094,88
Restnachsorgen	~ 3 Beratungen[27]	819,–/418,75	704,34/360,12
Stillberatung	~ 3 Beratungen[28]	135,–/69,02	116,10/59,36
Telefonische Stillberatung	~ 5 Beratungen[29]	45,–/23,01	38,70/19,79
Rückbildungskurs	~ 8 Frauen[30]	320,–/163,61	275,20/140,71
gibt zusammen:		5517,–/2871,93	4830,62/2469,85
plus Wegegeld[31]		780,–/398,81	780,–/398,81
Ergebnis (pro Monat):		6397,–/3270,74	5610,62/2868,66
mal 10 Monate (zwei Monate sollten pauschal für Krankheit und Urlaub abgerechnet werden)		63970,–/32707,40	56106,20/28686,60 pro Jahr

[24] Hier 86% der Gebühren West. Eine Anhebung auf 90% ist angekündigt.Die rechtsverbindlichen Daten lagen bei Redaktionsschluss noch nicht vor. Bitte beachten Sie die Veröffentlichungen in den Fachzeitschriften!

[25] Alle Rechenwege erklärt anhand der Gebührenordnung West und DM!
8 Schwangere à 14 Stunden à DM 10,– plus 8 Partnerbeiträge à DM 140,– macht zusammen DM 2240,–. Es wird nur ein halber Kurs berechnet, da er in der Regel über zwei Monate läuft.

[26] 9 Wochenbettbesuche à DM 45,– plus einmal Zuschlag für ersten Hausbesuch à DM 10,– plus ein Besuch an Sonn- und Feiertagen DM 56,– plus 3 telefonische Beratungen à DM 9,– macht zusammen DM 498,–

[27] 4 Wochenbettbesuche à DM 45,– plus einmal Zuschlag für einen ersten Hausbesuch à DM 10,– plus ein Besuch an Sonn- und Feiertagen à DM 56,– plus 3 telefonische Beratungen à DM 9,– macht zusammen DM 273,–

[28] 3 Beratungen der Mutter bei Stillschwierigkeiten à DM 45,–

[29] Gebühr für eine Beratung 9,–

[30] 8 Teilnehmerinnen à DM 10,– pro Stunde mal vier Termine im Monat macht zusammen 320,–

[31] Pauschal Wegegeld anzugeben ist sehr ungenau. Hebammen in ländlichen und dörflichen Gegenden legen vermutlich mehr Kilometer zurück, als die Kolleginnen in der Stadt. Ich berechne hier 5 Tages-Kilometer pro Besuch (Hilfeleistungen, Wochenbettbesuche und Stillberatungen), da ja auch einige nur anteilig gefahren werden (bei mehreren Besuchen). Vermutlich werden eher mehr Kilometer zurückgelegt – und dementsprechend auch abgerechnet.

Kosten pro Jahr (Beispiel)	DM/€
Büro- und Raumnebenkosten (inkl. NK)	7200,– /3680,–
Telefonkosten	1200,– /615,–
Werbe- und Bewirtungskosten	300,– /155,–
Büromaterial (inkl. Rechnungsblocks usw.)	600,– /305 ,–
Fachliteratur	300,– /155,–
Fachzeitschriften	200,– /105,–
Berufsgenossenschaft	680,– /350,–
Berufsverband, Mitgliedschaft	300,– /155,–
Fort- und Weiterbildung	1000,– /510,–
Kontoführungsgebühren	250,– /130,–
Abschreibungen	2000,– /1050,–
Ausgaben insgesamt	**14030,–/7210,– € pro Jahr**

Jahreseinkommen (Einnahmen minus Betriebsausgaben)

West: 63970,– DM/32707,40 €
minus   14030,– DM/ 7210,– €
ergibt ein Jahreseinkommen von 49940,– DM/25497,– €

Ost: 56106,20 DM/28686,60 €
minus   14030,00 DM/ 7210,– €
ergibt ein Jahreseinkommen von 42076,20 DM/21476,60 €

Davon werden nun noch die **persönlichen Ausgaben** abgezogen wie Rente (hier west: DM 9538,54/4870,– €; ost: 8036,55 DM/4102,03 €), Kranken- und Pflegeversicherung[32] (hier west: 6741,90,– DM/3442,15 €; ost: 5680,29 DM/2899,34,– €), auch Spenden und Aufwendungen für Kinderbetreuung und vieles mehr können hier geltend gemacht werden (sind in diesem Beispiel nicht berücksichtigt).

Und was am Ende noch übrig bleibt, das ist dann das **zu versteuernde Einkommen**

in diesem Beispiel:

West: 33659,56 DM/17185,25 €   Ost: 28359,36 DM/14475,23 €

Die **Steuer** für eine allein stehende Hebamme wäre dann ungefähr 5000,– DM/gut 2500,– €

Somit bleiben pro Jahr ungefähr

West: 28000,– DM/14600,– €   Ost: 23500,– DM/12000,– €

Das entspricht (gerundet) pro Monat:

West: 2300,–DM/1200,– €   Ost: 2000,–/1000,– €

Zum Leben und Wohnen und Reisen und für Kleidung und und und…

---

[32] Angenommen 13,5%

Das vorgestellte Beispiel ist willkürlich. Es soll Ihnen lediglich als **Orientierungshilfe** dienen. Je größer die geplante Praxis ist und je mehr Kolleginnen daran beteiligt sind, umso dringender rate ich Ihnen, sich zumindest für die Planung Unterstützung zu holen. Vor allem, wenn im Zusammenhang mit der Praxisgründung Eigentum erworben und/ oder ein Kredit für die Anschubfinanzierung aufgenommen wird.

Existenzgründungs-kredit

Sollten Sie einen Kredit aufnehmen, dann muss natürlich auch die Rückzahlung in den Finanzplan mit aufgenommen werden. Deshalb wird grundsätzlich empfohlen, diese Planung für drei Jahre zu machen, da in der Regel nach drei Jahren die Tilgung beginnt. Übrigens ist ein gut durchgerechnetes und inhaltlich in sich schlüssiges Konzept ohnehin Voraussetzung dafür, dass Sie einen Kredit bekommen.

Fixe Kosten

Achtung: Fixe Kosten (also Miete, Versicherungen, Auto, Steuern und dergleichen) fallen auch an, wenn Sie keine Einnahmen haben; das müssen Sie bei allen Kalkulationen berücksichtigen.

Als wir das Geburtshaus in Hamburg gründeten, gingen wir mit unserem Konzept zu einer Stiftung, die Beratungen für Existenzgründer anbot und über die öffentliche Kredite zu beantragen waren. Wir brachten unser Konzept mit. Auf zwei Schreibmaschinen-Seiten hatten wir unsere Gedanken zum künftigen Geburtshaus aufgeschrieben. Der Berater schaute uns fassungslos (und leider auch etwas herablassend) an. Nein, das sei kein Konzept. Das reiche nicht. Er ahnte, dass wir das Konzept wohl im Kopf hätten, auf Papier hätten wir es allerdings noch nicht fixiert. Am Ende umfasste das erarbeitete Papier rund 50 Schreibmaschinen-Seiten.

Wenn Sie alleine arbeiten wollen und zunächst keine größeren Anschaffungen erforderlich sind, dann können Sie es sich auch leisten, nur eine grobe Übersicht zu erstellen.

Rücklagen bilden – Sparbuch oder Investmentfond?

Egal ob für Krankheitstage, die erste Steuerzahlung oder die Reparatur des CTGs. Es empfiehlt sich in jedem Fall, Rücklagen zu bilden – und die müssen nicht auf dem Sparbuch ruhen, das bekanntermaßen nur lausige Zinsen bringt. Es gibt ebenso sichere und lohnendere Alternativen.

Alternativen zum Sparbuch

Hierzu Susanne Kazemieh, Finanzfachfrau von der FrauenFinanz Gruppe in Hamburg: „Reservepolster lassen sich mit nichts so mühelos aufbauen, wie mit Investmentfonds. Denn kein anderes Finanzprodukt ist so flexibel wie Fonds. Nicht einmal das Sparbuch. Denn wer davon mehr als 3000,– DM/rund 1500 € innerhalb von 30 Tagen abheben will, muss drei Monate vorher kündigen oder Strafe zahlen. Nicht so bei Fonds.

Investmentfonds sind Töpfe, in denen ein Mix aus verschiedenen Wertpapieren ‚gerührt' wird. Gerade bei Aktienfonds wird auf diese Weise das Risiko gegenüber Einzelengagements extrem reduziert. Je nachdem, wie viel die Einzelne in diesen „Topf" investiert hat – ob mit einer Einmalzahlung oder durch Monatsraten – besitzt sie Anteile am so genannten ‚Fondsvermögen'. Die erworbenen Anteile können täglich zurückgegeben werden.

Grundregel

Aber nicht jeder Fonds eignet sich für jeden Zweck. Deshalb hier in aller Kürze die Grundregel: Je kürzer der Anlagehorizont, desto konservativer der Fonds. Je länger der Anlagehorizont, desto eher können Sie sich Kursschwankungen erlauben. Je mehr Risikobereitschaft Sie mitbringen, desto höher die Renditeaussicht. Niemals Geld in Aktienfonds stecken, das nicht mindestens fünf Jahre Zeit zu wachsen hat!

- Für **kurzfristige Liquiditätsplanung** (bis zu 24 Monate): **Geldmarktfonds,** die etwas lukrativer sind als ein Sparbuch. Hier wird in extrem sichere, so genannte „Geldmarktpapiere" investiert.
- Für **mittelfristigen Kapitalaufbau** (bis circa vier Jahre): **Europäische Rentenfonds**. Hier wird in sehr konservative, festverzinsliche (Staats-)Anleihen investiert.
- Für **langfristigen Vermögensaufbau** (etwa fünf bis sieben Jahre): **Mischfonds** (Aktien/Renten). Je nach Fonds und Markteinschätzung werden mal Rentenpapiere, mal Aktien übergewichtet.
- Für **zusätzliche Altersvorsorge** (ab 7 Jahre): **Aktienfonds,** langfristig können diese im Durchschnitt 10% und mehr im Jahr bringen. Hier erwerben Sie einen breit gestreuten Aktien-Mix. Lassen Sie sich in jedem Fall vorher ausführlich über das Risikopotential der Fonds beraten.

Wer bestimmte Branchen, Länder oder Themen bevorzugen oder ausschließen möchte, kann das über die rund 4500 in Deutschland zugelassenen Fonds problemlos tun. Es gibt Branchenfonds, Länderfonds, Öko- und Umweltfonds, international oder europaweit anlegende Fonds… Garantiefonds, Indexfonds, Laufzeitfonds… Für jede nach ihrem Geschmack."

3. Schritt: Finanzielle Starthilfen

Zur Eröffnung einer Praxis kann sich eine Hebamme – oder ein Team – um finanzielle Starthilfen bemühen. In der Regel handelt es sich um günstige Kredite, bei denen die Tilgung erst nach drei Jahren – also wenn die Praxis eingeführt ist und voraussichtlich laufen wird – mit einem geringen Zinssatz beginnt, der dann steigt und nach ein paar

Jahren seinen Höhepunkt an monatlichen Tilgungsraten erreicht hat. Dann wird es leichter. Die genaue Tilgung wird bereits bei der Kredit-Aufnahme festgelegt, sodass mit diesen Kosten verbindlich geplant werden kann.

Existenz-gründungskredite

Eine größere Praxis mit mehreren Hebammen wird wohl kaum ohne eine anfängliche Verschuldung auskommen, aber auch kleine Praxen benötigen ein Startkapital.

Obwohl ich bei meiner ersten Existenzgründung die Kosten bewusst niedrig gehalten hatte, stellte ich eines Tages fest, dass ich mein privates Umfeld alles in allem um knapp 10.000,– Mark (Anfang der 80er-Jahre) angepumpt hatte. Ich hatte also nur private Schulden. Und wie gesagt, ein Konzept hatte ich keines. Doch die finanziellen Verpflichtungen drückten. So hielt ich mich ran und sparte so gut ich konnte, damit ich sie bald zurückzahlen konnte. Nach gut drei Jahren war ich schuldenfrei.

Meine Kollegin-Freundin hatte bereits während ihrer Klinik-Zeit Geld für eine spätere Freiberuflichkeit gespart.

Wo Sie Ihr Startkapital herholen ist egal. Einige haben vielleicht schon jahrelang für ihren „Traum" gespart, bei anderen wird ein (vielleicht von den Eltern in Kinderjahren mal abgeschlossener) Sparvertrag fällig; manche bekommen einen Vorgriff auf ihr Erbe, oder vielleicht ist auch der Partner liquide und kann das Projekt Hebammenpraxis finanziell auf die Füße stellen.

Wer solche Möglichkeiten nicht hat, der kann sich ganz normal um Existenzgründerkredite bemühen. Einem Antrag auf einen Kredit sollte eine ausführliche Beratung vorausgehen. **Förderungsstellen** bei Städten, Gemeinden und Landkreisen, Industrie- und Handelskammer, Bundesministerium für Wirtschaft sowie unabhängige Berater bieten Informationen zu aktuellen Existenzgründungshilfen (Adressen im Anhang). Auch Ihre Hausbank sollte Informationen über Fördermittel haben, erzählt aber nicht immer alles, weil die Entlohnung in punkto Fördermittel nicht so üppig ist, dafür aber der Aufwand etwas höher. Mit ihren eigenen Krediten verdient Ihre Hausbank besser.

> **Tipp:** Informieren Sie sich auf jeden Fall vor dem Abschluss eines Finanzierungs-Vertrages über mögliche Förderprogramme, denn rückwirkend werden keine Fördermittel bewilligt.

Überbrückungsgeld für Arbeitslose

Arbeitslose haben Anspruch auf ein so genanntes Überbrückungsgeld für den Einstieg in die Selbstständigkeit. Dieses Angebot steht auch Hebammen zu. Nicht immer machen die Arbeitsvermittler ihre Klientinnen von sich aus darauf aufmerksam – es lohnt sich, nach der „**Förderung der Aufnahme einer selbstständigen Tätigkeit**" zu fragen.

Überbrückungsgeld wird in der Regel ein halbes Jahr lang gezahlt. Zu dem bislang bezogenen Arbeitslosengeld bzw. der -hilfe, erhalten Existenzgründer einen pauschalen Zuschlag (70% bei Arbeitslosengeld und 80% bei Arbeitslosenhilfe).

Von diesem Extra-Geld muss der Existenzgründer sämtliche **Sozialversicherungsbeiträge** selbst abführen; er wird nun auch nicht mehr als arbeitslos geführt (keine Ermäßigung mehr im Kino und dergleichen). Bezieher von Überbrückungsgeld dürfen so viel dazu verdienen, wie sie wollen. Nichts muss dem Arbeitsamt gemeldet werden.

Damit dieses Geld gewährt wird, muss ein ausführliches **Finanzkonzept** und ein **inhaltliches Konzept** vorliegen, das entweder von einem Notar oder von einem Justiziar des Berufsverbandes abgesegnet werden muss.

Um Überbrückungsgeld beziehen zu können, muss man mindestens vier Wochen lang Arbeitslosenhilfe, Arbeitslosengeld oder Kurzarbeitergeld bezogen haben. Auch nach einer ABM oder einer Strukturanpassungsmaßnahme kann Überbrückungsgeld beantragt werden. Ein gesetzlicher Anspruch besteht nicht. Stehen keine Haushaltsmittel mehr zur Verfügung, gibt es auch kein Überbrückungsgeld.

4. Schritt: Versicherungen

Für freiberufliche Hebammen gibt es **Pflichtversicherungen**, dazu gehört unter anderem die Rentenversicherung. Hier (wie auch bei der Krankenversicherung) müssen Sie als Selbstständige 100% der Kosten tragen. Es gibt keinen Arbeitgeberanteil mehr. Auch die Berufshaftpflicht wird vorgeschrieben. Die Krankenversicherung ist zwar nicht mehr gesetzlich vorgeschrieben, aber dringend geboten.

Rentenversicherung

Als freiberufliche Hebamme unterliegen Sie der **Rentenversicherungspflicht**. Anders als andere Freiberufler können Sie sich die Form Ihrer Altersvorsorge nicht aussuchen. Wobei Ihnen offen steht, eine zusätzliche private Altersvorsorge abzuschließen.

Beitragsberechnung   Der monatliche Beitrag zur Rentenversicherung beträgt zurzeit 19,1%.[33] Es gibt zwei unterschiedliche Arten, sich bei der BfA zu versichern:

---

[33] Stand Januar 2001. Gewöhnlich werden die Beitragssätze einmal pro Jahr (im Januar) neu festgesetzt. In seltenen Ausnahmefällen kann es im laufenden Jahr zu Änderungen der Sätze kommen. Die BfA oder die Krankenkasse gibt Auskunft über den aktuellen Prozentsatz.

1. Sie zahlen einen **Regelbeitrag**[34] (der wird jedes Jahr von der BfA neu berechnet) und müssen keine Auskünfte über Ihr Einkommen geben. Hier haben Sie auch die Möglichkeit, in den ersten drei Jahren Ihrer Freiberuflichkeit nur den halben Regelbeitrag zu bezahlen. Dazu reicht zunächst ein formloser Antrag bei der BfA.
2. Sie können aber auch den **Beitrag nach dem tatsächlichen Einkommen** berechnen lassen – auch dafür müssen Sie einen **Antrag** stellen. Grundlage hierfür ist normalerweise der Steuerbescheid des Vorjahres. Spätestens zwei Monate nach seiner Ausfertigung muss der Steuerbescheid bei der BfA vorliegen. Gibt es noch keinen Bescheid, weil die Praxis erst angelaufen ist, wird das geschätzte voraussichtliche Arbeitseinkommen zugrunde gelegt.

Bei einem erheblichen Rückgang des Arbeitseinkommens über einen längeren Zeitraum (zum Beispiel wegen einer Babypause) kann das aktuell zu erwartende Arbeitseinkommen der Berechnung des Beitrages zugrunde gelegt werden. Die entsprechende Vorschrift (§ 165 Absatz 1a SGB VI) wird aber von der BfA nicht von Amts wegen angewandt; die Hebamme muss dazu einen Antrag stellen. Da die Änderung erst für den Monat nach der Antragsstellung greift, sollten Sie sich so früh wie irgend möglich an die BfA wenden.[35]

Natürlich haben Sie auch die Möglichkeit, sich **zusätzlich** für Ihre Altersvorsorge abzusichern.

Kranken- und Pflegeversicherung

Gesetzliche oder private Krankenversicherung

Es besteht keine Verpflichtung zur gesetzlichen Krankenversicherung mehr. Die freiberufliche Hebamme kann sich auch privat versichern. Bei diesen Versicherungen sind die Angebote oft verlockend billig, aber mit steigendem Alter nehmen auch die Prämien zu. Zudem sind Kinder bei den Privaten nicht kostenfrei mitversichert – manche Behandlungen sind gar nicht versichert, oft muss ein Eigenbeitrag geleistet werden. Auch müssen die Kassenbeiträge während des Mutterschutzes weiter gezahlt werden (Die Zeit des Mutterschutzes ist bei den Gesetzlichen Kassen beitragsfrei; das gilt allerdings nicht für den Erziehungsurlaub). Dafür werden alternative Heilbehandlungen eher vergütet. Und schließlich ist absehbar, dass auch gesetzlich Versicherte zunehmend Behandlungen aus eigener Tasche bezahlen müssen.

Letztendlich spielt bei der Überlegung, ob Sie sich privat oder gesetzlich versichern, auch Ihre **Lebensplanung** eine Rolle: Wenn Sie sicher sind, dass noch Kinder kommen sollen, dann kann die gesetzliche Kasse günstiger sein. Ist Ihre Familienplanung abgeschlossen, fahren Sie vielleicht mit einer privaten Krankenversicherung besser.

---

[34] Der Regelbeitrag errechnet sich aus 19,1% von der Bezugsgröße (2001 sind das DM 4480,– (West); bzw. DM 3780,– (Ost)). Die Bezugsgröße errechnet sich aus dem Durchschnitts-Brutto-Einkommen aller.

[35] Ausführliches dazu bei H. Horschitz, Hebammenforum 2/2001, S. 107

In jedem Fall ist es empfehlenswert, sich vor Abschluss einer Versicherung von einem unabhängigen Versicherungsmakler beraten zu lassen; wobei Sie beachten sollten, dass ein Versicherungsmakler nichts verdient, wenn er Ihnen zu einem Abschluss bei einem gesetzlichen Versicherer rät.

Berufshaftpflichtversicherung

Die Berufsordnungen der Länder schreiben eine ausreichende Haftpflichtversicherung für Hebammen vor. Diese deckt eventuelle berufliche Haftpflichtschäden. Da die Zahl der Schadensmeldungen in den vergangenen Jahren enorm gestiegen ist, und die Versicherer öfter zur Kasse gebeten werden, wurden auch die Prämien drastisch angehoben.

> Über die **Berufsverbände** können sich Mitglieder bei der Gruppen-Haftpflicht mitversichern. Sie schließt auch eine private Haftpflichtversicherung für die Hebamme und ihre Familie, bzw. die mit ihr lebenden Personen, ein.

Selbstverständlich kann jede Hebamme auch eine eigene Berufshaftpflicht abschließen. Hier könnte es jedoch passieren, dass Sie nach einem Schadensfall aus der Versicherung herausfliegen (nachdem der Schaden reguliert ist). Das ist bei der Gruppenversicherung nicht der Fall.

Berufsgenossenschaft

Bei Aufnahme der freien Tätigkeit müssen Sie sich bei der **Berufsgenossenschaft für Gesundheitsdienst und Wohlfahrtspflege (BGW)** melden; dafür reicht eine formlose Anmeldung (Adresse im Anhang). Eine private Unfallversicherung entbindet nicht von der Anmeldungspflicht.

Unfallversicherungsschutz

Über die BGW erhalten Hebammen einen **gesetzlichen Unfallversicherungsschutz**; er wird gewährt bei:
- Arbeitsunfällen, die sich im Zusammenhang mit der Hebammenarbeit ereignen
- Wege-Unfällen auf dem Weg von und zur Arbeit
- Berufskrankheiten, die sich eine Hebamme im Zusammenhang mit ihrer versicherten Tätigkeiten zuzieht (so z. B. wenn sich eine Hebamme während durch ihre Arbeit an einer Hepatitis B infiziert und deshalb nicht arbeitsfähig ist).

Im Schadensfall ist die BGW für die berufliche Rehabilitation und die berufliche Wiedereingliederung zuständig. Ferner können auch Renten an die Erkrankte (oder ihre Angehörigen oder Hinterbliebenen) geleistet werden.

Beitragsberechnung   Der **Versicherungs-Beitrag** errechnet sich wie folgt:

Es wird eine Pflichtsumme zugrunde gelegt (zurzeit 33000,– DM West/27000,– DM Ost), diese wird mit einem Beitragsfuß und mit einem Gefahrentarif multipliziert, der bei drei Prozent liegt. Die Summe wird durch Tausend geteilt.[36]

Es gibt auch die Möglichkeit sich höher zu versichern – die Höchstgrenze liegt zurzeit bei DM 120000,–.

> **Rechenbeispiel: Beitrag für die Unfallversicherung**
>
> **27000 mal 1,89 mal 3 (= 153090) : 1000 = 153,09 DM im Jahr; das entspricht etwa 78,27 €**
>
> **33000 mal 1,89 mal 3 (= 187110) : 1000 = 187,11 DM im Jahr; das entspricht etwa 95,67 €**
>
> **20000 mal 1,89 mal 3 (= 680400) : 1000 = 680,49 DM im Jahr; das entspricht etwa 347,88 €**

Verletztengeld /   Die Höhe der Versicherung entscheidet darüber, wie hoch das Ver-
Rente   letzten-Geld, bzw. die Rente im Fall eines Berufs-Unfalles oder einer Berufs-Krankheit ist. Bei der Mindestversicherung liegt sie in der Regel weit unter dem Verdienstausfall, den eine Hebamme durch eine Krankheit erleidet. **Je höher Sie versichert sind, desto besser sind Sie auch abgesichert.** So liegt das Verletztengeld bei der Mindestversicherung bei gut 70,– DM (west), bzw. 60,– DM (ost) pro Kalender-Tag. Bei einer Versicherungssumme von DM 120000,– bekommt die Kranke täglich knapp DM 220,–. Das ist ein enormer Unterschied.

Die Erfahrungen zeigen, dass die meisten Hebammen unterversichert sind. Natürlich macht sich keiner gerne Gedanken über eine mögliche Berufsunfähigkeit, solange man jung ist und sich fit und arbeitsfähig fühlt – doch im Schadensfall kann sich das gehörig rächen.

Sie können die Höhe Ihrer Versicherung jederzeit umstellen. Dazu müssen Sie einen schriftlichen Antrag stellen. Eine Höherversicherung tritt frühestens nach dem Eingang des Schreibens bei der BGW in Kraft; oder später, wenn dieses ausdrücklich gewünscht ist.

> **Achtung:** Die BGW zahlt nur bei Krankheiten im Zusammenhang mit dem Beruf.

---

[36] Die Pflichtsumme beträgt 60% des durchschnittlichen Verdienstes aller Arbeitenden. Sie wird jedes Jahr neu berechnet. Der Beitragsfuß deckt die Verwaltungskosten. Er liegt bei 1,89%. Der Gefahrentarif ergibt sich aus den Schäden der einzelnen Berufsgruppen, die angefallen sind. Er wurde zuletzt im Sommer 2000 angehoben, soll aber für die kommenden fünf Jahre stabil bleiben. Bei Redaktionsschluss lagen noch keine Zahlen in Euro vor.

**Private
Berufsunfähigkeits-
Versicherung**

Leider kommt es immer wieder vor, dass die Auffassung, ob im Schadensfall eine Berufskrankheit vorliegt oder nicht, sehr konträr ist. Das zieht nicht selten langwierige juristische Auseinandersetzung und Gutachten nach sich. Deswegen empfehlen die meisten Versicherungs-Fachleute unbedingt, zusätzlich eine **private Berufsunfähigkeits-** (und manche auch eine Unfall-)**Versicherung** abzuschließen.

Ich bin ein Versicherungsmuffel und habe außer den Pflichtversicherungen nur noch Hausrat, Haftpflicht und eine kleine Lebensversicherung abgeschlossen. Und: leider auch eine „Unfall-Prämienrückgewähr-Versicherung", die mir ein gewiefter Versicherungsvertreter zu Beginn meiner Freiberuflichkeit regelrecht aufgeschwatzt hat. Es handelt sich hierbei um eine eigenwillige Mischung aus Sparvertrag und Unfallversicherung. Laufzeit 20 Jahre; danach gäbe es so viel Geld, dass ich die Ausbildung meines Kindes finanzieren könne, köderte mich der Vertreter, und wovon solle mein armes Kind leben, wenn mir mal etwas zustoße?

Seit dem ärgere ich mich Monat für Monat, wenn der Beitrag von meinem Konto abgebucht wird. Ich habe mir mal ausrechnen lassen, wie viel ich bekäme, würde ich vorzeitig kündigen. Doch das war lächerlich ....

Ich bin froh, dass die Versicherung bald ausläuft. Eine Ausbildung für meinen Sohn kann ich mit dem fälligen Betrag nicht ansatzweise finanzieren – es würde nicht einmal für ein Studien-Semester reichen.

Krankentagegeld

**Zahlungsbeginn
wichtig**

Wer mit einer Grippe im Bett liegt, verdient kein Geld. Das verleitet viele Hebammen dazu, auch noch zu arbeiten, wenn sie nicht ganz gesund sind. Damit tun sie weder sich noch der zu betreuenden Familie – besonders dem Säugling – einen Gefallen. Die Krankheitstage bei Freiberuflern sind nicht ohne Grund deutlich weniger als die von Angestellten. Um entspannt krank sein zu können, liebäugeln viele mit einer Krankentagegeldversicherung; doch sie **zahlt in der Regel erst nach drei Wochen Krankheit.** Krankentagegeldversicherung ab dem fünften – oder gar ab dem ersten – Tag sind unerschwinglich.

Beispiel: Wenn Sie jetzt eine Grippe haben, dann müssen Sie sich gleich krankschreiben lassen – für den Fall (das können Sie jetzt ja in der Regel noch nicht absehen!), dass die Krankheit länger als drei Wochen andauert. Sind Sie nämlich nach vier Wochen immer noch nicht genesen, haben sich aber nicht sofort krankschreiben lassen, dann zahlt die Versicherung nicht. Hatten Sie aber eine Grippe – und auch Krankentagegeld erhalten – und erleiden drei Wochen nach der Genesung einen Rückfall, dann zahlen viele Versicherer bereits ab dem erstem Tag des Rückfalls – allerdings nicht bei einer Neuerkrankung.

Alternative

> Wenn Sie keine Krankentagegeldversicherung abschließen, sollten Sie sich ein „Polster" anlegen, für den Fall, dass Sie längere Zeit wegen Krankheit ausfallen und kein Geld verdienen können

(siehe hierzu S. 87f. (Investmentfonds)).

Private Berufsunfähigkeitsversicherung

Leistungen

Eine, nach Auffassung von Versicherungs-Experten leider viel zu selten abgeschlossene Versicherung ist die Berufsunfähigkeitsversicherung. Diese Versicherung zahlt eine monatliche Rente, wenn infolge eines Unfalles oder einer Krankheit (länger als sechs Monate oder dauerhaft) die Ausübung des eigenen Berufes nur noch zu 50% oder weniger möglich ist.

Auch bei „nur" 50-prozentiger Berufsunfähigkeit erhält die Hebamme 100% der versicherten Rente (von der so genannten 25/75-Klausel ist abzuraten, da hier die versicherte Rente in voller Höhe erst ab einem Invaliditätsgrad von 75% gezahlt wird).

Diese Versicherung gewinnt an Bedeutung, weil es seit dem 1. Januar 2001 keine staatliche Berufsunfähigkeits-Versicherung mehr gibt: Zahlte der Staat bislang eine Berufsunfähigkeitsrente (wenn auch sehr gering, aber immerhin), wenn eine Erwerbsfähigkeit im ausgeübten Beruf nicht mehr möglich war, zahlt er jetzt nur noch dann, wenn gar keine Erwerbsfähigkeit mehr besteht. **Beispiel**: Kann die Hebamme wegen eines Rückenleidens als Ungelernte noch Ablage im Büro machen, hat sie keinen Anspruch auf diese staatliche Rente.

> Bei dieser Versicherung ist es besonders wichtig, dass Sie nicht nur nach einem günstigen Tarif schauen, sondern vor allem die Qualität der Leistung prüfen.

Unfall-Versicherung

Die **Unfall-Invaliditäts-Versicherung** versichert gegen finanziellen Schäden eines Unfalls, der zur Invalidität führte.

Leistungen

Eine Private Unfallversicherung zahlt für alle Unfälle weltweit; egal ob es sich um einen Sport-, Auto-, Berufs-, Haushalts- oder sonstigen Unfall handelt. Im Gegensatz zur Berufsunfähigkeit hat die Frage danach, inwieweit der Beruf noch ausgeübt werden kann, keinen Einfluss auf die Entschädigung.

Übrigens: Es gehen nur 3 bis maximal 10% (je nach Statistik) aller Fälle von Berufsunfähigkeit auf das Konto eines Unfalls. Weitaus häufiger sind Ursachen wie Herz-Kreislauferkrankungen und (stark im Kommen) Depressionen.

Berufsrechts-Schutz

Gruppenversiche-
rungen über die
Berufsverbände

Ferner besteht die Möglichkeit eine Berufs-Rechtsschutz-Versicherung abzuschließen. Eine Gruppen-Versicherung ist über den BDH oder BfHD möglich. Für BDH-Mitglieder ist dieser Rechtsschutz seit Juli 1998 obligatorisch, außer ein Mitglied lehnt diesen Versicherungsschutz ausdrücklich ab. Diese Versicherung erstattet unter anderem die Kosten für einen Rechtsbeistand im Falle eines Strafverfahrens in der Berufshaftpflicht sowie bei einem Rechtsstreit mit den Krankenhäusern (zum Beispiel bei Beleghebammen) und gegenüber den Krankenkassen bei Abrechnungsproblemen.

Weitere Versicherungen

Je nach geplanter Praxis kann auch eine **Betriebsunterbrechungsversicherung** für Sie nützlich sein, ebenso wie eine **Praxisinhaltsversicherung** (das ist so etwas wie eine Hausratversicherung für eine Praxis) oder eine **Betriebs-Haftpflicht-Versicherung.**

Eine **Insassen-Unfallversicherung** kann ratsam sein, falls es vorkommen kann, dass Sie Schwangere in Ihrem PKW transportieren. Dazu sollten Sie allerdings Ihr Fahrzeug auf jeden Fall als geschäftlich genutzt bei der Kfz-Haftpflichtversicherung anmelden.

Gelegentlich wird den Hebammen auch eine **Transportversicherung für medizinische Geräte** empfohlen; doch hier stimmt das Preis-Leistungs-Verhältnis nicht. Da empfiehlt es sich eher, bei der **Hausratversicherung** zu fragen, ob „Hausrat", der sich im Auto befindet, mit versichert ist (bis zu einer bestimmten Summe zum Beispiel). Sonst können Sie versuchen, dass eine Zusatzklausel in die Hausratversicherung aufgenommen wird, wie z. B. „Der Hebammen-Koffer im Auto ist bis zu einem Wert von 500,– Euro mit versichert." Bei ganz alten und sehr neuen Hausratversicherungen ist das, was sich im Auto befindet, ohnehin (zumindest teilweise) in die Hausratversicherung mit eingeschlossen.

Vorvertragliche Anzeigepflicht – was ist das?

Fragebogen zu
Vorerkrankungen

Sowohl bei einer privaten Kranken-, Krankentagegeld-, Berufsunfähigkeits- und Lebensversicherung müssen Sie vor Vertragsabschluss einen langen und detaillierten Fragebogen zu bestimmten Vorerkrankungen ausfüllen. Diese Angaben sollten Sie – für den gefragten Zeitraum – wahrheitsgemäß beantworten. Denn: Wenn Sie Vorerkrankungen und -behandlungen verschweigen, kann es sein, dass die Versicherer bei erneuter Erkrankung mit demselben Leiden die Leistung verweigern. Im Extremfall tritt er vom Vertrag zurück und die Hebamme steht ohne Versicherungsschutz da. Das gilt ebenso für körperliche Erkrankungen (Rückenleiden) wie für psychische Leiden (Psychotherapie).

Vorerkrankungen können allerdings dazu führen, dass die Versicherungsprämie drastisch steigt, bestimmte Teile nicht mit versichert werden bzw. eine Gesellschaft sich weigert, überhaupt eine Versicherung abzuschließen.

Auch wenn es verlockend sein kann, durch eine kleine „Unwahrheit" sich eine günstige Police zu ergaunern – im Schadensfall (und für den ist die Versicherung abgeschlossen) geht der Schuss nach hinten los.

Versicherungsvertreter oder Versicherungsmakler

Es gibt jede Menge Versicherungen: sinnvolle und überflüssige; billige und teure. Wer zum Versicherungsvertreter geht (gerne laden diese sich selber ein) und nicht aufpasst, hat im Handumdrehen einen Stapel Verträge unterschrieben.

Versicherungs-makler

Deshalb rate ich Ihnen unbedingt, einen unabhängigen Versicherungsmakler aufzusuchen; also einen, der Verträge mit verschiedenen Versicherungen abschließen kann. Das ermöglicht ihm, jeweils eine passende und günstige Versicherung rauszusuchen. Einige dieser unabhängigen Makler werben damit, dass sie ihren Kunden nur die wirklich erforderlichen Versicherungen verkaufen (das ist allerdings mit Vorsicht zu genießen. So wird zum Beispiel die Frage, ob eine Unfall-Versicherung für freiberufliche Hebammen zwingend nötig ist, sehr unterschiedlich beurteilt – auch unter den Maklern). Dennoch: Versicherungsmakler sind per Gesetz aufgefordert, die Interessen ihrer Kunden zu vertreten.

Versicherungs-vertreter

Der Versicherungsvertreter vertritt eine Versicherung – wie das Wort schon sagt. Er ist vom Gesetz her gehalten, im Interesse **seiner** Gesellschaft zu handeln – also möglichst viele Policen zu verkaufen.

> **Übrigens:** Aggressive Akquise – z. B. durch aufdringliches Gebaren wie ungebetene Hausbesuche oder Telefonanrufe – ist weder ein Zeichen für Seriosität noch für Professionalität!!

5. Schritt: Vorstellen und Anmelden

Gesundheitsamt

Das Gesundheitsamt ist die **Aufsicht führende Behörde** für Hebammen. Dort muss sich eine freiberufliche Hebamme vor der Aufnahme ihrer Tätigkeit – am besten persönlich – anmelden (Prüfungszeugnis und Anerkennung mitnehmen). Wie das läuft ist sehr von der zuständigen Amtsärztin[37] abhängig. Die eine nimmt die Meldung schlicht zur Kenntnis und kümmert sich nie wieder darum, die nächste bestellt ihre Hebammen jedes Jahr ein und lässt sich den Hebammenkoffer und die Dokumentationen zeigen, und noch eine macht einen

---

[37] Da ich bislang weder einen Amtsarzt gesehen noch von ihm gehört habe, bleibe ich hier bei der weiblichen Benennung.

Hausbesuch, begutachtet die Kursräume und belegt die Ausstattung der Räume mit Auflagen: Kunden-WC, Seifen- und Handtuchspender und dergleichen; vor allem, wenn die Hebamme eigene Praxisräume hat. Schon innerhalb einer Stadt unterscheidet sich die Art der Aufsicht von Amt zu Amt sehr.

Finanzamt

Als Freiberuflerin sind Sie einkommensteuerpflichtig und müssen einmal pro Jahr eine Steuererklärung abgeben.

Am einfachsten ist es, wenn Sie im Zuge Ihrer Existenzgründung dem zuständigen Finanzamt die Aufnahme Ihrer freiberuflichen Tätigkeit melden und sich eine Steuernummer holen. Übrigens: Die Mitarbeiter eines Finanzamtes sind verpflichtet Sie zu beraten. Das klappt in manchen Ämtern hervorragend, in anderen ist die Bitte um eine Beratung ein frustrierendes Unterfangen.

Ihre **Einkommenssteuererklärung** muss jeweils bis zum 31. Mai des folgenden Jahres beim Finanzamt sein. Wenn Sie einen Steuerberater haben, verlängert sich die Frist bis zum 30. September (auf Antrag des Steuerberaters sogar noch weiter nach hinten).

Achtung: Im zweiten Jahr kommen manchmal ungeahnte Kosten auf einen zu.

In dem Steuerbescheid wird dann die Höhe der Steuern für das erklärte Jahr (z. B. 2000) festgelegt. Diese müssen rückwirkend auf einen Schlag bezahlt werden. Außerdem werden die Steuern für das laufende Jahr (2001), in dem der Bescheid zugestellt wurde und in dem ja auch noch keine Steuern bezahlt wurden, gefordert; und zwar bis zu dem Zeitpunkt, an dem der Bescheid zugestellt wurde, auch auf einen Schlag (bekommen Sie den Bescheid z. B. im September, müssen Sie für die ersten drei Quartale auf einmal löhnen). Da kann schon einiges zusammenkommen. Also rechtzeitig Rücklagen bilden. Ab diesem Zeitpunkt wird alle Vierteljahr vorausgezahlt. Was Sie mit diesen Vorauszahlungen entweder zu viel oder zu wenig leisten, wird mit den folgenden Bescheiden ausgeglichen.

Das Institutions-kennzeichen

Das Institutionskennzeichen (IK) ist letztendlich nichts anderes als eine Nummer, die für die Abrechnung mit den Trägern der Sozialversicherungen[38] vergeben wird – für die Hebammen bezieht sich das im Wesentlichen auf die Kommunikation mit den Krankenkassen.

---

[38] Beteiligt am IK sind folgende Träger der Sozialversicherung: Ortskrankenkassen, Betriebskrankenkassen, Innungskrankenkassen, See-Krankenkassen, Landwirtschaftliche Krankenkassen, Bundesknappschaft, Ersatzkassen, Bundesversicherungsanstalt für Angestellte, Landesversicherungsanstalten, Landwirtschaftliche Alterskassen, Gewerbliche Berufsgenossenschaften einschließlich See-Berufsgenossenschaft, Unfallversicherungsträger der öffentlichen Hand, Landwirtschaftliche Berufsgenossenschaften, Bundesanstalt für Arbeit

Diese Nummer soll den Abrechnungsverkehr mit den Kassen beschleunigen. Mit diesem Kennzeichen werden Name, Anschrift, Geldinstitut und die Kontonummer (in diesem Fall der Hebamme) gespeichert.

Die Spitzenverbände der Stellen, die am Institutionskennzeichen beteiligt sind, haben sich zur Arbeitsgemeinschaft Institutionskennzeichen (SVI – Adresse im Anhang) zusammengeschlossen. Bei ihnen kann das IK beantragt werden (ist am unkompliziertesten); sie leiten die Daten der Hebamme dann an alle am IK beteiligten Träger der Sozialversicherung weiter.

Seit Juni 1996 ist die Vergabe eines Institutionskennzeichens **verpflichtend**. Viele Hebammen betrachten das mit Unbehagen, da sie einen Missbrauch der Daten befürchten: die gläserne Hebamme. Der Bundesdatenschutzbeauftragte teilte hierzu auf Anfrage dem BDH mit: „Missbräuche sind… nicht zu befürchten. Für die Vergabe des Institutionskennzeichens werden lediglich die für die Durchführung der Überweisung erforderlichen Daten erhoben und gespeichert. Datenschutzrechtliche Bedenken gegen die Vergabe und Verwendung von Institutionskennzeichen bestehen aus meiner Sicht nicht." (Zitiert nach H. Thomas, Hebammenforum 6/2000, S. 150)

6. Schritt: Kontakte knüpfen

Die Hebamme muss nicht nur Kontakte zu den zu betreuenden Familien aufbauen und halten, sondern auch noch zu Personen und Einrichtungen um ihre gesamte Arbeit herum.

Kontakte zu Ärzten

Es erleichtert die Arbeit, wenn Sie sich zu Beginn bei den umliegenden Ärzten vorstellen – vornehmlich natürlich bei den Gynäkologen und Pädiatern. Sie werden in der näheren Zukunft öfter mit ihnen zu tun haben. Daraus können sich konstruktive, aber auch konkurrierende Beziehungen entwickeln.

Beide Seiten sind aufeinander angewiesen. Und die Familien profitieren davon, wenn sie miteinander im Gespräch sind. Das ist immer besser, als inhaltliche Differenzen auf dem Rücken der Frauen auszutragen – was leider recht häufig vorkommt.

„Ärzte sind meine natürlichen Feinde" pflegte eine Kollegin zu sagen. Sie ist sicherlich nicht die Einzige, die so empfindet. Die Beziehung zwischen Hebammen und Ärzten (vor allem Gynäkologen) ist oft sehr belastet. Ein Jahrhunderte alter Kampf um Pfründe und Kompetenzen. Wissenschaft versus Erfahrungsmedizin. Es ist erfreulich zu sehen, dass diese Fronten allmählich (sehr allmählich, aber immerhin) aufweichen, und es hier und dort ein Aufeinander-Zugehen gibt. Die Zahl der Praxen, in denen Ärzte und Hebammen zusammen arbeiten, wächst; die freien Kooperationen auch. Lichtblicke.

Aber auch ganz pragmatisch: Der gute Kontakt mit mindestens einer Praxis kann enorm nützlich sein. Für die Hebamme z. B., wenn es um das Sterilisieren von Instrumenten geht, oder wenn die Hebamme dringend ein verschreibungspflichtiges Medikament braucht; und für die Frauen, weil sie eine gute Betreuung bekommen, denn ein kooperatives Miteinander von Hebamme und Arzt kann die Versorgung nur verbessern, ein Gegeneinander schadet.

Kontakt zu Labors

Wenn Sie **Schwangerenvorsorge** planen, aber auch für **Hausgeburten**, sollten Sie vor Arbeitsbeginn Kontakt zu einem Labor aufnehmen. Dort können Sie die konkrete Zusammenarbeit besprechen; so z. B., ob das zu untersuchende Material von einem Boten abgeholt wird oder ob Sie es vorbeibringen. Die Mitarbeiter im Labor geben Ihnen in der Regel eine gute Unterweisung darüber, welches Material wie lange und auch wie in der Praxis gelagert werden kann, darf oder muss und wie viel Material (Blut, Urin und so weiter) für welche Untersuchung nötig ist und wie es gewonnen wird.

Auch bei der Interpretation der ermittelten Werte sind die Mitarbeiter der meisten Labors hilfsbereit. Ferner erhalten Sie dort alle erforderlichen Untersuchungsmaterialien – in der Regel kostenfrei.

Kontakte zu anderen Kolleginnen

Ein weiterer Teil des Netzwerkes sollte darin bestehen, sich bei den Kolleginnen „in der Nachbarschaft" bekannt zu machen, auch wenn es sein kann, dass manch eine Kollegin Sie als „Neue" zunächst argwöhnisch betrachtet. Versuchen Sie diese Vorstellungsrunde ganz wertfrei zu sehen. Es geht um das gegenseitige Kennenlernen und den Informationsaustausch (der ist unter Freiberuflern besonders wichtig). Und es kann auch sein, dass die ortsansässigen Kolleginnen Sie als willkommene Entlastung begrüßen.

Nutzen Sie, um sich vorzustellen, die regelmäßigen Stammtische, die es in vielen Städten und Gemeinden gibt (Termine erfahren Sie über die Berufsverbände oder aus den Fachzeitschriften).

Kontakte zu den umliegenden Kliniken

Vor allem, wenn Sie **Hausgeburten** betreuen oder eine **größere Praxis** mit Geburtshilfe eröffnen wollen, sollten Sie sich in den umliegenden Kliniken vorstellen. Dann kann sich das Klinik-Personal mental darauf einstellen, dass es außerklinische Geburten in der Region gibt und dass es eventuell zu Verlegungen kommt. Bei Ihrem Vorstellungs-Besuch können sie mit dem zuständigen Personal besprechen, wie diese sich z. B. eine Verlegung wünschen – und ob Sie dann dabei bleiben dürfen und vielleicht sogar die Geburt zu Ende betreuen.

Aber auch ohne Betreuung von außerklinischen Geburten ist es ratsam, wenn Sie die Kliniken über den Beginn Ihrer Arbeit informieren. Das sorgt für eine bessere Stimmung untereinander.

Kontakte zur Feuerwehr und zu den Rettungs- und Notdiensten

> Für die Hausgeburts-Hebammen ist es zwingend geboten, sich bei den Rettungsdiensten und der Feuerwehr vorzustellen.

Zum Einen, damit diese wissen, dass es Sie gibt, und zum Anderen, damit Sie das erforderliche **Procedere im Falle eines Notfalles** – oder auch einer einfachen Verlegung – besprechen können. Meine Erfahrung ist, dass die Rettungsleute sehr viel freundlicher (sowohl mit der Hebamme als auch mit der Frau) sind, wenn sie schon im Vorfeld kontaktet wurden.

Auch **Hebammenpraxen** und **Geburtshäuser** sollten hier Kontakt aufnehmen, damit ein gemeinsamer Vorgehensplan für den Notfall erstellt werden kann (optimale Anfahrt, gewünschte bzw. vorgeschriebene Ausschilderung und dergleichen). Möglicherweise wünscht der Kindernotdienst, dass das Geburtshaus (die Praxis) eine spezielle Notfall-Ausrüstung vorrätig hält, z. B. alles zum Intubieren oder Ähnliches.

7. Schritt: Akquise/Werbung

Unter **Akquise** versteht man sämtliche Aktivitäten zur Kundengewinnung. Hierbei handelt es sich nicht um Werbung.

> Die beste Werbung für eine Hebamme ist ihre Arbeit.

Wer gut arbeitet, wird weiter empfohlen. So einfach ist es. Doch der Markt der Freien wird immer voller, die Konkurrenz größer und das Angebot für (werdende) Familien ist mancherorts größer als die Nachfrage. Da kommt es schon darauf an, auf sich aufmerksam zu machen. Vor allem dann, wenn eine Hebamme an einen Ort kommt, an dem sie fremd ist und keine bestehenden Kontakte nutzen kann.

- Sie machen auf sich aufmerksam, indem Sie zunächst **alle diejenigen aufsuchen, die Ihnen Frauen schicken könnten** (Ärzte, Krankengymnasten, Elternschulen, Pro Familia, Kliniken und dergleichen).
- Gut ist es, wenn Sie dort auch noch ein **Faltblatt** (Fachsprache: Flyer) hinterlegen, das sich die Frauen mitnehmen können (siehe auch S. 104). Das ist geeigneter, als einen Zettel oder ein kleines Plakat aufzuhängen.
- Sie können auch die Eröffnung der Praxis oder den Beginn eines Kurses in der **Lokalpresse** veröffentlichen.
- Gute Verteiler sind auch die **Hebammenlisten**, die in vielen Regionen einmal pro Jahr herausgegeben werden (wenden Sie sich an die Verbände).
- Außerdem haben Sie die Möglichkeit, Ihre Praxis in den **Gelben Seiten**, anderen Branchenbüchern oder kostenlos in der Zeitschrift „Wo bekomme ich mein Baby" (Adresse im Anhang) eintragen zu lassen.

Werbung: berufs(un)würdig?

Direkt Werbung zu machen ist Hebammen verboten – zumindest wenn sie „berufsunwürdig" ist.

Was nun als „berufsunwürdig" gilt, ist sehr subjektiv. Deshalb bezieht sich die Rechtsprechung auf „eine übereinstimmende Auffassung innerhalb der beteiligten Berufsgruppe".[39] Um ein Bild zu bekommen, wie diese übereinstimmende Auffassung ist, machte der BDH 1996/97 eine Umfrage im Verband, an der insgesamt 250 Vertreterinnen teilnahmen. Hier einige Punkte aus der Liste der „Werbung", die mehr als 80% der Befragten zulassen würden.[40] Sie akzeptieren unter anderem:

Akzeptierte Maß-nahmen

- wenn es einen Bericht in der lokalen Presse über die Arbeit einer Hebamme, eines Teams oder eines Geburtshauses gibt;
- wenn in einer Zeitung der Neubeginn eines Geburtsvorbereitungs-kurses angekündigt wird;
- wenn es eine Anzeige in einer Tageszeitung gibt, in der – ohne besonderen Anlass – auf den Umfang, die Tätigkeiten und die Sprechzeiten hingewiesen wird;
- ein Informationsblatt mit dem Namen der Hebamme oder der Praxis in einer gynäkologischen Praxis, einer Apotheke und/oder in einem Krankenhaus ausgelegt und/oder an alle Kolleginnen des Landkreises verschickt wird.

Nicht akzeptierte Maßnahmen

Nicht akzeptiert wurde unter anderem:
- Aushänge im Supermarkt
- ein Praxishinweis am Auto
- ein Aushang im Schaukasten im Rathaus
- ein Hinweis auf Extra-Angebote der Hebamme, wie Yoga, PEKiP, Babyschwimmen oder Zilgrei – lediglich der Hinweis auf Babymassage galt als berufswürdig.

Vergleichende Werbung gilt auch als unlauter; z. B.: „Die beste Geburtsvorbereitung in der Stadt bekommen Sie bei mir!"

---

[39] BGH v. 29.6.1989; BB 1989,1847 – zitiert nach H. Horschitz, DHZ 11/97, S. 562
[40] Das sind genug Teilnehmerinnen, damit die Befragung als repräsentativ angesehen werden kann. Bei einer Zustimmung von mehr als 80 Prozent kann von einer übereinstimmenden Auffassung ausgegangen werden.

Corporate Identity und Corporate Design

Eine Zauberformel aus der PR-Branche[41] **Corporate Identity, kurz CI genannt**

Unter einer CI versteht man ein Erscheinungsbild, eine Identität oder Philosophie einer Firma, eines Vereins oder eben auch einer Praxis. Es geht um das Image, die **Außendarstellung**, also um eine Synthese von Inhalt und Form.

Eine Hebammenpraxis, die neben einer ganzheitlichen Betreuung auch noch Wert auf Ressourcen-schonendes Arbeiten legt – und das auch nach außen transportieren möchte –, sollte z.B. ihre Korrespondenz auf Umweltpapier führen und bei der Auslegeware im Geburtsvorbereitungsraum auf lösungsmittelfreies Material achten.

Das Corporate Design – kurz CD genannt

Ein Teilaspekt der CI ist das Corporate Design. Darunter versteht man ein möglichst **unverwechselbares visuelles Erscheinungsbild**. Ein Teil davon ist das Logo.

Das heißt, wenn Sie sich ein Briefpapier machen und darauf z.B. einen Storch malen, dann sollte eben dieser Storch auch auf Ihrem Flyer erscheinen, und auch – falls vorhanden – auf dem Praxisschild. Am besten immer in der gleichen Farbe und möglichst am gleichen Platz (unten links, oben rechts oder oder oder). Auch der Schrifttyp sollte konstant bleiben.

Alternativ dazu können Sie auch mit verschiedenen, immer wiederkehrenden Elementen arbeiten: z.B. mit einem abstrakten und einem konkreten Bild, sowie einem besonderen Schriftzug. Mit diesen Elementen können Sie spielen; sie variabel einsetzen.

Wenn Sie sich noch nicht sicher sind, was Sie schön finden, dann verzichten Sie besser zunächst auf ein Logo. Dies ist besser, als das Logo in der ersten Zeit einige Male zu ändern, weil Sie immer noch daran feilen.

Für den Anfang reicht es auch, Flyer, Praxisschild und Briefpapier mit schlichtem Text, ohne grafisches Element zu benutzen. Lassen Sie sich Zeit, um ein Logo zu entwickeln, mit dem Sie sich identifizieren können. Sie müssen vielleicht jahrelang damit leben – sich damit verkaufen.

Einer größeren Praxis rate ich dringend, sich eine Beratung durch einen Grafiker zu holen.

---

[41] PR ist die Abkürzung für die englischen Worte „Public Relations", was so viel heißt wie „öffentliche Verbindungen" – Es handelt sich also um die Beziehung eines Unternehmens zur Öffentlichkeit; etwas verkürzt kann man auch sagen: PR ist Öffentlichkeitsarbeit.

Das Erstellen eines Flyers

Auch für die grafische Gestaltung eines Flyers gilt: Weniger ist mehr!

Die zahlreichen Möglichkeiten, die ein Computer bietet, verleiten viele grafische Laien dazu, sich mal so richtig auszutoben. Da werden bunte Farben gewählt, drei verschiedene Schriftarten und vier unterschiedliche Schriftgrößen. Ob das gut aussieht, darüber lässt sich nicht streiten, das ist Geschmackssache. Aber derart „voll gepackte" Faltblätter erschweren das Lesen; das Erfassen des Inhaltes.

Hauptaufgabe: Grundinformationen liefern

Das ist aber die Hauptaufgabe eines Flyers: Informationen zu transportieren. Und zwar nur die Grundinformationen: Wer bietet was, wo und für wie viel Geld?. Und dann eventuell noch ein paar beschreibende Worte über das „was". Aber nur ein paar. Keine Romane. Kurze Sätze helfen, das Ausschweifen zu umschiffen.

Herstellung

Haben Sie sich für eine grafische Form und auch den Text entschieden, dann muss das Faltblatt erstellt werden. Für eine kleine Hebammenpraxis reicht eine Kopiervorlage, die im Copy-Shop vervielfältigt wird. Und zwar auf einer Farbe. Nicht 20 blaue, 30 grüne und 25 gelbe. Wenn Sie ein neues Programm herausgeben, dann kann dieses eine neue Farbe bekommen.

Und wenn Sie die Zettel noch schneiden müssen, dann nehmen Sie eine Schneidemaschine oder sparen Sie nicht an den 1,50 DM oder 75 Cent, die ein Schnitt im Copy-Shop kostet. Diese schiefen handgeschnittenen Zettel machen einfach keinen guten Eindruck. Wer Sie kennt und Ihre Arbeit schätzt, wird sich dadurch sicherlich nicht abschrecken lassen. Aber wer nur das Faltblatt in die Hand bekommt, hat vielleicht ein Gefühl von Unprofessionalität.

Bei größeren Einrichtungen wirken diese kopierten Zettel manchmal etwas hausbacken (passen nicht zum CI). Da sollten Sie schon überlegen, die Faltblätter – oder auch Broschüren – drucken zu lassen. Bei den großen Mengen, die Sie vermutlich brauchen werden, ist es ohnehin kostengünstiger.

8. Schritt: Loslegen

Wenn Sie eine Praxis haben, dann laden Sie zur Eröffnung alle, mit denen Sie in Zukunft zu tun haben werden, auf einen kleinen **Empfang** ein – auch die Amtsärztin, die Klinikärzte und -kolleginnen sowie die Feuerwehr. Das ist ein gutes Startsignal.

In der Regel geht das mit der freien Hebammenarbeit ja nicht von einem Tag auf den anderen los. **Es läuft allmählich an.** Sie sollten die ruhige Anfangszeit nutzen, indem Sie Werbung für sich machen oder – falls es finanziell machbar ist – noch einige Fortbildungen besuchen.

Und: Stellen Sie Ihr Handy und den Anrufbeantworter an, und halten Sie sich bereit.

Auch wenn noch nicht alles beisammen und perfekt ist: Fangen Sie an! Vieles lässt sich auch später noch besorgen, wenn es benötigt wird.

Viel Spaß!

7. Gesetze/Verordnungen/ Richtlinien

Hebammen-Gebührenverordnung (HebGV)
Fassung vom 7. Oktober 1997

§1 Anwendungs- bereich

(1) Die Vergütungen für die Leistungen der freiberuflichen Hebammen im Rahmen der Hebammenhilfe in der gesetzlichen Krankenversicherung bestimmen sich nach dieser Verordnung.
(2) Als Hebammen im Sinne dieser Verordnung gelten auch Entbindungspfleger.

§2 Vergütungen

(1) Als Vergütungen zahlen die Krankenkassen nach Maßgabe der Bestimmungen dieser Verordnung Gebühren für die in der für den jeweiligen Abrechnungszeitraum bestimmten Fassung des Gebührenverzeichnisses (Anlage) genannten Leistungen, Ersatz von Auslagen und Wegegeld.
(2) Als Nacht gilt die Zeit von 20 bis 8 Uhr.

§3 Auslagen

Als Auslagen kann die Hebamme neben den für die einzelnen Leistungen vorgesehenen Gebühren nur die ihr entstandenen Kosten der für die Vorsorgeuntersuchung der Schwangeren, für die Hilfe bei Schwangerschaftsbeschwerden oder bei Wehen, für die Hilfe bei einer Geburt und für die Überwachung des Wochenbettverlaufs notwendigen Materialien berechnen, die mit ihrer Anwendung verbraucht sind oder die der Wöchnerin zur weiteren Verwendung überlassen werden; dabei ist auf wirtschaftliche Beschaffung zu achten. Zwischen der Krankenkasse und der Hebamme kann eine Pauschalierung des Auslagenersatzes vereinbart werden.

§4 Wegegeld

(1) Die Hebamme erhält für jeden Besuch aus Anlass einer abrechnungsfähigen Leistung Wegegeld; hierdurch sind auch Zeitversäumnisse abgegolten. Wege zwischen der Wohnung oder Praxis der Hebamme und einem Krankenhaus zur Ableistung eines Schichtdienstes sind nicht berechnungsfähig.
(2) Bei Benutzung öffentlicher Verkehrsmittel werden als Wegegeld die Fahrtkosten erstattet. In den übrigen Fällen beträgt das Wegegeld
a) bei einer Entfernung von nicht mehr als zwei Kilometern zwischen der Wohnung oder Praxis der Hebamme und der Stelle der Leistung 2,85 DM/1,46 € bei Nacht 4,– DM/2,05 €,
b) b) bei einer Entfernung von mehr als zwei Kilometern zwischen der Wohnung oder Praxis der Hebamme und der Stelle der Leistung für jeden zurückgelegten Kilometer 1,– DM/0,51 €, bei Nacht 1,35 DM/0,69 €.
(3) Hat eine andere als die nächstwohnende Hebamme Hilfe geleistet, so kann die Krankenkasse die Zahlung des dadurch entstehenden

Mehrbetrags an Wegegeld ablehnen, wenn der Weg von der Stelle der Leistung zur Wohnung oder Praxis der anderen Hebamme mehr als 20 Kilometer länger ist als zur Wohnung oder Praxis der nächstwohnenden Hebamme. Dies gilt nicht, wenn das Wegegeld anfällt, weil mehrere Hebammen die Dienstleistungen in einem Krankenhaus nach einem vereinbarten Einsatzplan ausführen oder wenn die Zuziehung der anderen Hebamme nach der besonderen Lage des Falles aus anderen Gründen gerechtfertigt war.

(4) Besucht die Hebamme mehrere Frauen auf einem Weg, ist das Wegegeld insgesamt nur einmal und nur anteilig nach dem Verhältnis der zurückgelegten Gesamtstrecke zu der Zahl der besuchten Frauen zu berechnen.

§5 Abrechnung mit den Krankenkassen

(1) Die Hebamme soll ihre Rechnung innerhalb eines Monats nach der Entbindung bei der zuständigen Krankenkasse einreichen. Die Rechnung muss alle zur Prüfung des Anspruchs notwendigen Angaben, insbesondere die Angaben nach § 291 Abs. 2 Nr. 1 bis 8 des Fünften Buches Sozialgesetzbuch enthalten.

(2) In der Rechnung sind die berechneten Leistungen mit ihrem jeweiligen Datum und, soweit dies für die Höhe der Vergütung von Bedeutung ist, auch Zeit und Dauer der abgerechneten Leistungen anzugeben. Ist im Gebührenverzeichnis eine ärztliche Anordnung vorgeschrieben, so ist diese der Rechnung beizufügen.

(3) Das Nähere über Form und Inhalt des Abrechnungsverfahrens bestimmen die Spitzenverbände der Krankenkassen in gemeinsam erstellten Richtlinien im Benehmen mit den Hebammenverbänden. Zur Vereinfachung des Abrechnungsverfahrens können die Spitzenverbände der Krankenkassen und der Hebammen die Verwendung einheitlicher Abrechnungsformulare vereinbaren.

(4) Die Krankenkasse hat die Rechnung innerhalb von drei Wochen nach Rechnungseingang zu begleichen, soweit eine Leistungspflicht besteht. Wird die Rechnung beanstandet, hat die Krankenkasse der Hebamme innerhalb derselben Frist den Grund der Beanstandung mitzuteilen und, sofern sich die Beanstandung nur auf einen Teil der Rechnung erstreckt, den unstreitigen Rechnungsbetrag zu zahlen.

Anlage (zu § 2 Abs. 1)

Gebührenverzeichnis für die Leistungsabrechnung ab 1. Juli 1999

Nr. Leistung   Gebühr DM/€ (west) DM/€ (ost) [42]

A. Leistungen der Mutterschaftsvorsorge und Schwangerenbetreuung

Beratung

1 Beratung der Schwangeren, auch fernmündlich   10,–/5,11   8,60/4,40

---

[42] Siehe Fußnote 22 S. 85.

Die Gebühr nach Nummer 1 ist während der Schwangerschaft insgesamt höchstens zwölfmal berechnungsfähig. Sie ist an demselben Tag neben Leistungen nach den Nummern 2, 4, 5 und 8 nicht berechnungsfähig.

Vorsorgeunter-
suchung

2 Vorsorgeuntersuchung
  der Schwangeren   40,–/20,45   34,40/17,59
Die Vorsorgeuntersuchung umfasst folgende Leistungen: Gewichtskontrolle, Blutdruckmessung, Urinuntersuchung auf Eiweiß und Zucker, Kontrolle des Standes der Gebärmutter, Feststellung der Lage, Stellung und Haltung des Kindes, Kontrolle der kindlichen Herztöne, allgemeine Beratung der Schwangeren, Dokumentation im Mutterpass des Bundesausschusses der Ärzte und Krankenkassen in der jeweils geltenden Fassung.
Die Gebühr nach Nummer 2 ist berechnungsfähig
a) bei normalem Schwangerschaftsverlauf,
b) bei pathologischem Schwangerschaftsverlauf, wenn die Hebamme die Vorsorgeuntersuchung auf ärztliche Anordnung vornimmt oder wenn die Schwangere wegen des pathologischen Schwangerschaftsverlaufs ärztliche Betreuung trotz Empfehlung der Hebamme nicht in Anspruch nehmen möchte.
Die Vorsorgeuntersuchungen sollen im Abstand von vier Wochen stattfinden; in den letzten zwei Schwangerschaftsmonaten sind je zwei Vorsorgeuntersuchungen angezeigt.

Laborunter-
suchungen

3 Entnahme von Körpermaterial zur Durchführung notwendiger Laboruntersuchungen im Rahmen der Richtlinien des Bundesausschusses der Ärzte und Krankenkassen über die ärztliche Betreuung während der Schwangerschaft und nach der Entbindung (Mutterschafts-Richtlinien) in der jeweils geltenden Fassung, je Entnahme, einschließlich Veranlassung der Laboruntersuchung(en), Versand- und Portokosten, Dokumentation im Mutterpass nach den Mutterschafts-Richtlinien und Befundübermittlung
                    10,–/ 5,11   8,60/4,40
Die Leistungen nach den Nummern 2 und 3 sind nur berechnungsfähig, soweit sie nicht bereits im Mutterpass dokumentiert sind.

Hilfe bei Schwan-
gerschaftsbe-
schwerden oder
Wehen

4 Hilfe bei Schwangerschaftsbeschwerden oder bei Wehen, für jede angefangene halbe Stunde   25,–/12,78   21,50/10,99

5 Hilfe bei Schwangerschaftsbeschwerden oder bei Wehen bei Nacht, an Samstagen ab 12 Uhr sowie an Sonn- und Feiertagen, für jede angefangene halbe Stunde   31,–/15,85   26,66/13,63
Dauert die Leistung nach den Nummern 4 und 5 länger als drei Stunden, so ist die Notwendigkeit der über drei Stunden hinausgehenden Hilfe in der Rechnung zu begründen.

Kardiotokographi-
sche Überwachung

6 Kardiotokographische Überwachung bei Indikationen nach Maßgabe der Anlage 2 zu den Richtlinien des Bundesausschusses der Ärzte und Krankenkassen über die ärztliche Betreuung während der Schwangerschaft und nach der Entbindung (Mutterschafts-Richt-

linien) in der jeweils geltenden Fassung einschließlich Dokumentation im Mutterpass nach den Mutterschafts-Richtlinien in der jeweils geltenden Fassung   11,–/5,62   9,46/4,84
Die Gebühr für die Leistung nach Nummer 6 ist je Tag höchstens zweimal berechnungsfähig, es sei denn, dass weitere Überwachungen an einem Tag ärztlich angeordnet werden.

Geburtsvorbereitung   7 Geburtsvorbereitung bei Unterweisung in der Gruppe, bis zu zehn Schwangere je Gruppe und höchstens 14 Stunden, für jede Schwangere je Unterrichtsstunde
(60 Minuten)   10,–/5,11   8,60/4,40

8 Geburtsvorbereitung bei Einzelunterweisung auf ärztliche Anordnung, höchstens 14 Stunden, je Unterrichtsstunde
(60 Minuten)   25,–/12,78   21,50/10,99
Die Gebühren für die Leistungen nach den Nummern 7 und 8 umfassen insbesondere die Unterrichtung über den Schwangerschaftsverlauf, die psychische Vorbereitung auf Geburt und Wochenbett, gymnastische Übungen, Entspannungsübungen und Übungen der Atemtechnik.

B. Geburtshilfe

Krankenhaus   9 Hilfe bei der Geburt eines Kindes in einem Krankenhaus
350,–/178,95   301,–/153,90

Außerklinische Geburt   10 Hilfe bei einer außerklinischen Geburt in einer Einrichtung unter ärztlicher Leitung   350,–/178,95   301,–/153,90

11 Hilfe bei einer außerklinischen Geburt in einer von Hebammen geleiteten Einrichtung   625,–/319,56   537,50/274,82

Hausgeburt   12 Hilfe bei einer Hausgeburt   750,–/383,47   645,–/329,78

Fehlgeburt   13 Hilfe bei einer Fehlgeburt   165,–/84,36   141,90/72,55
Die Gebühren für die Leistungen nach den Nummern 9 bis 13 umfassen mit Ausnahme der gegebenenfalls gesondert berechnungsfähigen Leistung nach Nummer 14 die Hilfe für die Dauer von bis zu acht Stunden vor der Geburt des Kindes oder einer Fehlgeburt und die Hilfe für die Dauer von bis zu drei Stunden danach einschließlich aller damit verbundenen Leistungen und Dokumentationen.
Die jeweilige Gebühr steht der Hebamme auch dann zu, wenn sie erst nach der Geburt, jedoch vor Vollendung der Versorgung der Mutter und des Kindes Hilfe leisten konnte.

Versorgung eines Dammschnitts oder eines Dammrisses   14 Versorgung eines Dammschnitts oder eines Dammrisses
I. oder II. Grades   44,–/22,50   37,84/19,35

Mehrlinge   15 Zuschlag für Hilfe bei der Geburt von Zwillingen und mehr Kindern, für das zweite
und jedes weitere Kind, je Kind   100,–/51,13   86,–/43,97

Nicht vollendete Geburt

16 Hilfe bei einer nicht vollendeten Geburt in einem Krankenhaus oder in einer außerklinischen Einrichtung
unter ärztlicher Leitung   180,–/92,03   154,80/79,15
Die Gebühr für die Leistung nach Nummer 16 umfasst die Hilfe für die Dauer von bis zu fünf Stunden vor Beendigung der Geburtshilfe einschließlich aller damit verbundenen Leistungen. Sie ist nur berechnungsfähig, wenn die Schwangere in ein anderes Krankenhaus verlegt wird und die Hebamme dort keine weitere Hilfe leistet.

17 Hilfe bei einer nicht vollendeten Hausgeburt oder einer nicht vollendeten außerklinischen Geburt in einer von Hebammen geleiteten Einrichtung   250,–/127,82   215,–/109,93
Die Gebühr für die Leistung nach Nummer 17 umfasst die Hilfe für die Dauer von bis zu fünf Stunden vor Beendigung der Geburtshilfe einschließlich aller damit verbundenen Leistungen. Sie ist nur in unmittelbarem Zusammenhang mit einer Hausgeburt oder einer außerklinischen Geburt in einer von Hebammen geleiteten Einrichtung berechnungsfähig, wenn die Hebamme die vorher geplante und bereits begonnene Hausgeburt oder außerklinische Geburt aufgrund unvorhergesehener Umstände abbrechen muss und die Hebamme die Schwangere in ein Krankenhaus überweist oder begleitet und dort keine weitere Hilfe leistet.

Zuschlag an Samstagen, Sonn- und Feiertagen

18 Zuschlag zu den Leistungen nach den Nummern 9 bis 13, 16 und 17 bei Hilfe bei Nacht, an Samstagen ab 12 Uhr
sowie an Sonn- und Feiertagen.   25 Prozent
Maßgebend für die Berechnungsfähigkeit des Zuschlags ist bei den Leistungen nach den Nummern 9 bis 12 der Zeitpunkt der Geburt, bei der Leistung nach Nummer 13 der Zeitpunkt der Fehlgeburt und bei den Leistungen nach den Nummern 16 und 17 der Zeitpunkt der Beendigung der Hilfe.

Zweite Hebamme

19 Hilfe bei einer außerklinischen Geburt oder Fehlgeburt durch eine zweite Hebamme, für jede
angefangene halbe Stunde   25,–/12,78   21,50/10,99

20 Hilfe bei einer außerklinischen Geburt oder Fehlgeburt durch eine zweite Hebamme bei Nacht, an Samstagen ab 12 Uhr sowie an Sonn- und Feiertagen, für jede
angefangene halbe Stunde   31,–/15,85   26,66/13,63
Gebühren für Leistungen nach den Nummern 19 und 20 sind für eine Hilfeleistung der zweiten Hebamme von bis zu vier Stunden berechnungsfähig. Dies gilt entsprechend, wenn die Geburt oder Fehlgeburt nicht außerklinisch vollendet wird.

Perinatalerhebung

21 Perinatalerhebung bei einer außerklinischen Geburt nach vorgeschriebenem Formblatt einschließlich
Versand- und Portokosten   10,–/5,11   8,60/4,40
Mit der Gebühr sind auch die Kosten für die Auswertung des Formblatts abgegolten.

C. Leistungen während des Wochenbetts

Allgemeine Bedingungen seit 1.1.1998

a) Die Leistungen nach den Nummern 22 bis 35 dienen der Überwachung des Wochenbettverlaufs und umfassen insbesondere die Beratung, Betreuung und/oder Versorgung von Mutter und Kind einschließlich aller damit verbundenen Leistungen mit Ausnahme der Leistungen nach den Nummern 36 und 37. Die Leistungen nach den Nummern 22 bis 33, 35 und 37 sind auch nach einer Fehlgeburt berechnungsfähig.

b) In den ersten zehn Tagen nach der Geburt ist an demselben Tag jeweils ein Besuch nach Nummer 22, 23 27, 28, 30 oder 31 berechnungsfähig. Wird der erste Besuch bereits am Tage der Geburt ausgeführt, können weitere Besuche nach Nummer 22, 23, 27, 28, 30 oder 31 nur für die folgenden neun Tage berechnet werden. Wird die Wochenbettbetreuung erst im Laufe der ersten zehn Tage nach der Geburt von einer anderen Hebamme übernommen, werden die Besuche bis zum zehnten Tag nach der Geburt vergütet. Bei fernmündlicher Beratung, die in den ersten zehn Tagen nach der Geburt einen Besuch nach Nummer 22, 23, 27, 28, 30 oder 31 ersetzt, ist eine Gebühr analog Nummer 35 berechnungsfähig.

c) In dem Zeitraum zwischen dem elften Tag nach der Geburt bis zum Ablauf von acht Wochen nach der Geburt sind insgesamt bis zu 16 Leistungen nach Nummer 22, 23, 25 bis 33 oder 35 berechnungsfähig, weitere Besuche nach Nummer 25, 26, 29, 32 oder 33 dabei jedoch nur nach Maßgabe der Allgemeinen Bestimmung nach Buchstabe d. Mehr als 16 Leistungen nach Nummer 22, 23, 25 bis 33 oder 35 sind in diesem Zeitraum nur berechnungsfähig, soweit sie ärztlich angeordnet sind.

d) Ein weiterer Besuch an demselben Tag ist berechnungsfähig
aa) nach ambulanter Entbindung in den ersten zehn Tagen nach der Geburt nach Nummer 25 oder 26 sowie
bb) unabhängig von der Art der Entbindung nach Nummer 25, 26, 29, 32 oder 33 während des gesamten Zeitraums bis zum Ablauf von acht Wochen nach der Geburt bei Vorliegen insbesondere folgender Besuchsgründe: schwere Stillstörungen, verzögerte Rückbildung, nach Sekundärnaht oder Dammriss III. Grades, bei Beratung und Anleitung der Mutter zur Versorgung und Ernährung des Säuglings im Anschluss an dessen stationäre Behandlung oder nach ärztlicher Anordnung. Der Grund ist in der Rechnung anzugeben. Mehr als zwei Besuche an demselben Tag sind nur berechnungsfähig, wenn sie ärztlich angeordnet worden sind.

e) Nach Ablauf von acht Wochen nach der Geburt sind Besuche nur auf ärztliche Anordnung bei pathologischem Wochenbettverlauf berechnungsfähig.

Hausbesuche

22 Hausbesuch nach der Geburt 45,–/23,01   38,70/19,79

23 Hausbesuch nach der Geburt
an Sonn- und Feiertagen   56,–/28,63   48,16/24,62

24 Zuschlag zu der Gebühr nach Nummer 22 oder 23 für den ersten Hausbesuch nach der Geburt   10,–/5,11   8,60/4,40

25 Weiterer Hausbesuch an demselben Tag   45,–/23,01   38,70/19,79

26 Weiterer Hausbesuch an demselben Sonn- oder Feiertag   56,–/28,63   48,16/24,62

Besuch im Kranken-
haus oder in einer
Einrichtung unter
ärztlicher Leitung

27 Besuch im Krankenhaus oder in einer außerklinischen Einrichtung unter ärztlicher Leitung nach der Geburt   17,–/8,69   14,62/7,48

28 Besuch im Krankenhaus oder in einer außerklinischen Einrichtung unter ärztlicher Leitung nach der Geburt an Sonn- und Feiertagen   21,–/10,74   18,06/9,23

29 Weiterer Besuch im Krankenhaus oder in einer außerklinischen Einrichtung unter ärztlicher Leitung an demselben Tag   17,–/8,69   14,62/7,48

Besuch in einer Ein-
richtung unter Heb-
ammenleitung

30 Besuch in einer von Hebammen geleiteten Einrichtung nach der Geburt   35,–/17,90   30,10/15,39

31 Besuch in einer von Hebammen geleiteten Einrichtung nach der Geburt an einem Sonn- oder Feiertag   44,–/22,50   37,84/19,35

32 Weiterer Besuch in einer von Hebammen geleiteten Einrichtung an demselben Tag   35,–/17,90   30,10/15,39

33 Weiterer Besuch in einer von Hebammen geleiteten Einrichtung an demselben Sonn- oder Feiertag   44,–/22,50   37,84/19,35

34 Zuschlag für einen Besuch nach der Geburt von Zwillingen und mehr Kindern zu den Gebühren nach den Nummern 22, 23 und 25 bis 33, für das zweite und jedes weitere Kind, je Kind   15,–/7,67   12,90/6,60

Telefonische
Beratung

35 Fernmündliche Beratung der Wöchnerin   9,–/4,60   7,74/3,96

Erstuntersuchung
des Kindes

36 Erstuntersuchung des Kindes einschließlich Eintragung der Befunde in das Untersuchungsheft für Kinder (U 1) nach den Richtlinien des Bundesausschusses der Ärzte und Krankenkassen über die Früherkennung von Krankheiten bei Kindern bis zur Vollendung des 6. Lebensjahres (Kinder-Richtlinien) in der jeweils geltenden Fassung   13,–/6,65   11,18/5,72

| **Entnahme von Körpermaterial** | 37 Entnahme von Körpermaterial zur Durchführung notwendiger Laboruntersuchungen im Rahmen der Richtlinien des Bundesausschusses der Ärzte und Krankenkassen über die ärztliche Betreuung während der Schwangerschaft und nach der Entbindung (Mutterschafts-Richtlinien) oder im Rahmen der Richtlinien des Bundesausschusses der Ärzte und Krankenkassen über die Früherkennung von Krankheiten bei Kindern bis zur Vollendung des 6. Lebensjahres (Kinder-Richtlinien) in der jeweils geltenden Fassung, je Entnahme, einschließlich Veranlassung der Laboruntersuchung(en), Versand- und Portokosten, Dokumentation nach den vorgenannten Richtlinien und Befundübermittlung |

Entnahme von Körpermaterial

37 Entnahme von Körpermaterial zur Durchführung notwendiger Laboruntersuchungen im Rahmen der Richtlinien des Bundesausschusses der Ärzte und Krankenkassen über die ärztliche Betreuung während der Schwangerschaft und nach der Entbindung (Mutterschafts-Richtlinien) oder im Rahmen der Richtlinien des Bundesausschusses der Ärzte und Krankenkassen über die Früherkennung von Krankheiten bei Kindern bis zur Vollendung des 6. Lebensjahres (Kinder-Richtlinien) in der jeweils geltenden Fassung, je Entnahme, einschließlich Veranlassung der Laboruntersuchung(en), Versand- und Portokosten, Dokumentation nach den vorgenannten Richtlinien und Befundübermittlung   10,–/5,11   8,60/4,40

Leistungen nach Nummer 37 sind nur berechnungsfähig, soweit sie nicht bereits im Mutterpass oder im Untersuchungsheft für Kinder dokumentiert sind.

D. Sonstige Leistungen

Wache

38 Wache auf ärztliche Anordnung, je angefangene Stunde   30,–/15,34   25,80/13,19

39 Wache auf ärztliche Anordnung bei Nacht, an Samstagen ab 12 Uhr sowie an Sonn- und Feiertagen, je angefangene Stunde   38,–/19,34   25,80/13,19

Rückbildungsgymnastik

40 Rückbildungsgymnastik bei Unterweisung in der Gruppe, bis zu zehn Teilnehmerinnen je Gruppe und höchstens zehn Stunden, für jede Teilnehmerin je Unterrichtsstunde (60 Minuten)   10,–/5,11   8,60/4,40

Die Leistung nach Nummer 40 ist nur berechnungsfähig, wenn die Rückbildungsgymnastik in den ersten vier Monaten nach der Geburt begonnen und bis zum Ende des neunten Monats nach der Geburt abgeschlossen wird.

Beratung bei Stillproblemen

41 Beratung der Mutter bei Stillschwierigkeiten   45,–/23,01   38,70/19,79

42 Fernmündliche Beratung der Mutter bei Stillschwierigkeiten   9,–/4,60   7,74/3,96

Die Gebühren nach den Nummern 41 und/oder 42 sind frühestens nach Ablauf von acht Wochen nach der Geburt bis zum Ende der Abstillphase berechnungsfähig. Sie sind jeweils höchstens zweimal in diesem Zeitraum berechnungsfähig.

Gesetz über den Beruf der Hebamme und des Entbindungspflegers – Hebammengesetz (HebG)

§ 1 Erlaubnis

(1) Wer die Berufsbezeichnung „Hebamme" oder „Entbindungspfleger" führen will, bedarf der Erlaubnis.

(2) Hebammen, die Staatsangehörige eines Mitgliedstaates der Europäischen Wirtschaftsgemeinschaft oder eines anderen Vertragsstaates des Abkommens über den Europäischen Wirtschaftsraum sind, dürfen diese Berufsbezeichnung im Geltungsbereich dieses Gesetzes ohne Erlaubnis führen, sofern sie ihre Berufstätigkeit als vorübergehende Dienstleistung im Sinne des Artikels 60 des EWG-Vertrages im Geltungsbereich dieses Gesetzes ausüben. Sie unterliegen jedoch der Anzeigepflicht nach diesem Gesetz.

(3) Absatz 2 gilt für männliche Berufsangehörige entsprechend.

§ 2

(1) Eine Erlaubnis nach § 1 Abs. 1 ist auf Antrag zu erteilen, wenn der Antragsteller

1. die durch dieses Gesetz vorgeschriebene Ausbildungszeit abgeleistet und die staatliche Prüfung bestanden hat,

2. sich nicht eines Verhaltens schuldig gemacht hat, aus dem sich die Unzuverlässigkeit zur Ausübung des Berufs ergibt, und

3. nicht wegen eines körperlichen Gebrechens, wegen Schwäche seiner geistigen oder körperlichen Kräfte oder wegen einer Sucht zur Ausübung des Berufsunfähig oder ungeeignet ist.

§ 3

(1) Die Erlaubnis ist zurückzunehmen, wenn bei ihrer Erteilung die staatliche Prüfung nicht bestanden oder die Ausbildung nach § 2 Abs. 2 oder 3 oder die nach § 28 Abs. 1 oder 2 nachzuweisende Ausbildung nicht abgeschlossen war.

(2) Die Erlaubnis ist zu widerrufen, wenn nachträglich die Voraussetzung nach § 2 Abs. 1 Nr. 2 weggefallen ist.

(3) Die Erlaubnis kann widerrufen werden, wenn nachträglich eine der Voraussetzungen nach § 2 Abs. 1 Nr. 3 weggefallen ist.

§ 4 Vorbehaltene Tätigkeiten

(1) Zur Leistung von Geburtshilfe sind, abgesehen von Notfällen, außer Ärztinnen und Ärzten nur Personen mit einer Erlaubnis zur Führung der Berufsbezeichnung „Hebamme" oder „Entbindungspfleger" sowie Dienstleistungserbringer im Sinne des § 1 Abs. 2 berechtigt. Die Ärztin und der Arzt sind verpflichtet, dafür Sorge zu tragen, dass bei einer Entbindung eine Hebamme oder ein Entbindungspfleger zugezogen wird.

(2) Geburtshilfe im Sinne des Absatzes 1 umfasst Überwachung des Geburtsvorgangs von Beginn der Wehen an, Hilfe bei der Geburt und Überwachung des Wochenbettverlaufs.

§ 5 Ausbildung

Die Ausbildung soll insbesondere dazu befähigen, Frauen während der Schwangerschaft, der Geburt und dem Wochenbett Rat zu erteilen und die notwendige Fürsorge zu gewähren, normale Geburten zu leiten, Komplikationen des Geburtsverlaufs frühzeitig zu erkennen, Neugeborene zu versorgen, den Wochenbettverlauf zu überwachen und eine Dokumentation über den Geburtsverlauf anzufertigen (Ausbildungsziel).

**§ 25 Ordnungs-
widrigkeit**

Ordnungswidrig handelt, wer
1. ohne Erlaubnis nach § 1 Abs. 1 die Berufsbezeichnung „Hebamme" oder „Entbindungspfleger" führt,
2. entgegen § 4 Abs. 1 Satz 1 Geburtshilfe leistet. Die Ordnungswidrigkeit kann mit einer Geldbuße bis zu fünftausend Deutsche Mark geahndet werden.

Reichsversicherungsordnung – RVO
Zweites Buch, Krankenversicherung

**§ 195 Leistungen
bei Schwanger-
schaft und Mutter-
schaft**

(1) Die Leistungen bei Schwangerschaft und Mutterschaft umfassen
1. ärztliche Betreuung und Hebammenhilfe,
2. Versorgung mit Arznei-, Verband- und Heilmitteln,
3. stationäre Entbindung,
4. häusliche Pflege,
5. Haushaltshilfe,
6. Mutterschaftsgeld, Entbindungsgeld.
(2) Für die Leistungen nach Absatz 1 gelten die für die Leistungen nach dem Fünften Buch Sozialgesetzbuch geltenden Vorschriften entsprechend, soweit nichts Abweichendes bestimmt ist. § 16 Abs. 1 des Fünften Buches Sozialgesetzbuch gilt nicht für den Anspruch auf Mutterschaftsgeld und Entbindungsgeld. Bei Anwendung des § 65 Abs. 2 des Fünften Buches Sozialgesetzbuch bleiben die Leistungen nach Absatz 1 unberücksichtigt.

**§ 196 Ärztliche
Betreuung, Heb-
ammenhilfe, Ver-
sorgung mit
Arznei-, Verband-
und Heilmittel**

(1) Die Versicherte hat während der Schwangerschaft, bei und nach der Entbindung Anspruch auf ärztliche Betreuung einschließlich der Untersuchungen zur Feststellung der Schwangerschaft und zur Schwangerenvorsorge sowie auf Hebammenhilfe. Die ärztliche Betreuung umfasst auch die Beratung der Schwangeren zur Bedeutung der Mundgesundheit für Mutter und Kind einschließlich des Zusammenhangs zwischen Ernährung und Krankheitsrisiko sowie die Einschätzung oder Bestimmung des Übertragungsrisikos von Karies.

**§ 197 Stationäre
Aufnahme**

Wird die Versicherte zur Entbindung in ein Krankenhaus oder eine andere Einrichtung aufgenommen, hat sie für sich und das Neugeborene auch Anspruch auf Unterkunft, Pflege und Verpflegung, für die Zeit nach der Entbindung jedoch für längstens sechs Tage. Für diese Zeit besteht kein Anspruch auf Krankenhausbehandlung. § 39 Abs. 2 des Fünften Buches Sozialgesetzbuch gilt entsprechend.

**§ 198 Anspruch auf
häusliche Pflege**

Die Versicherte hat Anspruch auf häusliche Pflege, soweit diese wegen Schwangerschaft oder Entbindung erforderlich ist. § 37 Abs. 3 und 4 des Fünften Buches Sozialgesetzbuch gilt entsprechend.

§199 Haushaltshilfe

Die Versicherte erhält Haushaltshilfe, soweit ihr wegen Schwangerschaft oder Entbindung die Weiterführung des Haushalts nicht möglich ist und eine andere im Haushalt lebende Person den Haushalt nicht weiterführen kann. §38 Abs. 4 des Fünften Buches Sozialgesetzbuch gilt entsprechend.

§200 Mutterschaftsgeld

(1) Weibliche Mitglieder, die bei Arbeitsunfähigkeit Anspruch auf Krankengeld haben oder denen wegen der Schutzfristen nach §3 Abs. 2 und §6 Abs. 1 des Mutterschutzgesetzes kein Arbeitsentgelt gezahlt wird, erhalten Mutterschaftsgeld.

(2) Für Mitglieder, die bei Beginn der Schutzfrist nach §3 Abs. 2 des Mutterschutzgesetzes in einem Arbeitsverhältnis stehen oder in Heimarbeit beschäftigt sind oder deren Arbeitsverhältnis während ihrer Schwangerschaft vom Arbeitgeber zulässig aufgelöst worden ist, wird als Mutterschaftsgeld das um die gesetzlichen Abzüge verminderte durchschnittliche kalendertägliche Arbeitsentgelt der letzten drei abgerechneten Kalendermonate vor Beginn der Schutzfrist nach §3 Abs. 2 des Mutterschutzgesetzes gezahlt. Es beträgt höchstens 25 Deutsche Mark für den Kalendertag. Einmalig gezahltes Arbeitsentgelt (§23a des Vierten Buches Sozialgesetzbuch) sowie Tage, an denen infolge von Kurzarbeit, Arbeitsausfällen oder unverschuldeter Arbeitsversäumnis kein oder ein vermindertes Arbeitsentgelt erzielt wurde, bleiben außer Betracht. Ist danach eine Berechnung nicht möglich, ist das durchschnittliche kalendertägliche Arbeitsentgelt einer gleichartig Beschäftigten zugrunde zu legen. Übersteigt das Arbeitsentgelt 25 Deutsche Mark kalendertäglich, wird der übersteigende Betrag vom Arbeitgeber oder vom Bund nach den Vorschriften des Mutterschutzgesetzes gezahlt. Für andere Mitglieder wird das Mutterschaftsgeld in Höhe des Krankengeldes gezahlt.

(3) Das Mutterschaftsgeld wird für die letzten sechs Wochen vor der Entbindung, den Entbindungstag und für die ersten acht Wochen, bei Mehrlings- und Frühgeburten für die ersten zwölf Wochen nach der Entbindung gezahlt. Bei Frühgeburten verlängert sich die Bezugsdauer um den Zeitraum, der nach §3 Abs. 2 des Mutterschutzgesetzes nicht in Anspruch genommen werden konnte. Für die Zahlung des Mutterschaftsgeldes vor der Entbindung ist das Zeugnis eines Arztes oder einer Hebamme maßgebend, in dem der mutmaßliche Tag der Entbindung angegeben ist. Das Zeugnis darf nicht früher als eine Woche vor Beginn der Schutzfrist nach §3 Abs. 2 des Mutterschutzgesetzes ausgestellt sein. Irrt sich der Arzt oder die Hebamme über den Zeitpunkt der Entbindung, verlängert sich die Bezugsdauer entsprechend.

(4) Der Anspruch auf Mutterschaftsgeld ruht, soweit und solange das Mitglied beitragspflichtiges Arbeitsentgelt oder Arbeitseinkommen erhält. Dies gilt nicht für einmalig gezahltes Arbeitsentgelt.

Gesetz zum Schutz der erwerbstätigen Mutter Mutterschutzgesetz (MuSchuG)

Erster Abschnitt – Allgemeine Vorschriften

§1 Geltungsbereich

Dieses Gesetz gilt
1. für Frauen, die in einem Arbeitsverhältnis stehen,
2. für weibliche in Heimarbeit Beschäftigte und ihnen Gleichgestellte (§1 Abs. 1 und 2 des Heimarbeitsgesetzes vom 14. März 1951 BGBl. I S. 191), soweit sie am Stück mitarbeiten.

§2 Gestaltung des Arbeitsplatzes

(1) Wer eine werdende oder stillende Mutter beschäftigt, hat bei der Einrichtung und der Unterhaltung des Arbeitsplatzes einschließlich der Maschinen, Werkzeuge und Geräte und bei der Regelung der Beschäftigung die erforderlichen Vorkehrungen und Maßnahmen zum Schutze von Leben und Gesundheit der werdenden oder stillenden Mutter zu treffen.

(2) Wer eine werdende oder stillende Mutter mit Arbeiten beschäftigt, bei denen sie ständig stehen oder gehen muss, hat für sie eine Sitzgelegenheit zum kurzen Ausruhen bereitzustellen.

(3) Wer eine werdende oder stillende Mutter mit Arbeiten beschäftigt, bei denen sie ständig sitzen muss, hat ihr Gelegenheit zu kurzen Unterbrechungen ihrer Arbeit zu geben.

(4) Die Bundesregierung wird ermächtigt, durch Rechtsverordnung mit Zustimmung des Bundesrates 1. den Arbeitgeber zu verpflichten, zur Vermeidung von Gesundheitsgefährdungen der werdenden oder stillenden Mütter oder ihrer Kinder Liegeräume für diese Frauen einzurichten und sonstige Maßnahmen zur Durchführung des in Absatz 1 enthaltenen Grundsatzes zu treffen, 2. nähere Einzelheiten zu regeln wegen der Verpflichtung des Arbeitgebers zur Beurteilung einer Gefährdung für die werdenden oder stillenden Mütter, zur Durchführung der notwendigen Schutzmaßnahmen und zur Unterrichtung der betroffenen Arbeitnehmerinnen nach Maßgabe der insoweit umzusetzenden Artikel 4 bis 6 der Richtlinie 92/85/EWG des Rates vom 19. Oktober 1992 über die Durchführung von Maßnahmen zur Verbesserung der Sicherheit und des Gesundheitsschutzes von schwangeren Arbeitnehmerinnen, Wöchnerinnen und stillenden Arbeitnehmerinnen am Arbeitsplatz (ABl. EG Nr. L 348 S. 1).

(5) Unabhängig von den auf Grund des Absatzes 4 erlassenen Vorschriften kann die Aufsichtsbehörde in Einzelfällen anordnen, welche Vorkehrungen und Maßnahmen zur Durchführung des Absatzes 1 zu treffen sind.

Zweiter Abschnitt: Beschäftigungsverbote

§3 Beschäftigungsverbote für werdende Mütter

(1) Werdende Mütter dürfen nicht beschäftigt werden, soweit nach ärztlichem Zeugnis Leben oder Gesundheit von Mutter oder Kind bei Fortdauer der Beschäftigung gefährdet ist.

(2) Werdende Mütter dürfen in den letzten sechs Wochen vor der Entbindung nicht beschäftigt werden, es sei denn, dass sie sich zur Arbeitsleistung ausdrücklich bereit erklären; die Erklärung kann jederzeit widerrufen werden.

§4 Weitere Beschäftigungsverbote

(1) Werdende Mütter dürfen nicht mit schweren körperlichen Arbeiten und nicht mit Arbeiten beschäftigt werden, bei denen sie schädlichen Einwirkungen von gesundheitsgefährdenden Stoffen oder Strahlen von Staub, Gasen oder Dämpfen, von Hitze, Kälte oder Nässe, von Erschütterungen oder Lärm ausgesetzt sind.

(2) Werdende Mütter dürfen insbesondere nicht beschäftigt werden

1. mit Arbeiten, bei denen regelmäßig Lasten von mehr als 5 kg Gewicht oder gelegentlich Lasten von mehr als 10 kg Gewicht ohne mechanische Hilfsmittel von Hand gehoben, bewegt oder befördert werden. Sollen größere Lasten mit mechanischen Hilfsmitteln von Hand gehoben, bewegt oder befördert werden, so darf die körperliche Beanspruchung der werdenden Mutter nicht größer sein als bei Arbeiten nach Satz 1,

2. nach Ablauf des fünften Monats der Schwangerschaft mit Arbeiten, bei denen sie ständig stehen müssen, soweit diese Beschäftigung täglich vier Stunden überschreitet,

3. mit Arbeiten, bei denen sie sich häufig erheblich strecken oder beugen oder bei denen sie dauernd hocken oder sich gebückt halten müssen,

4. mit der Bedienung von Geräten und Maschinen aller Art mit hoher Fußbeanspruchung, insbesondere von solchen mit Fußantrieb,

5. mit dem Schälen von Holz,

6. mit Arbeiten, bei denen sie infolge ihrer Schwangerschaft in besonderem Maße der Gefahr, an einer Berufskrankheit zu erkranken, ausgesetzt sind oder bei denen durch das Risiko der Entstehung einer Berufskrankheit eine erhöhte Gefährdung für die werdende Mutter oder eine Gefahr für die Leibesfrucht besteht,

7. nach Ablauf des dritten Monats der Schwangerschaft auf Beförderungsmitteln,

8. mit Arbeiten, bei denen sie erhöhten Unfallgefahren, insbesondere der Gefahr auszugleiten, zu fallen oder abzustürzen, ausgesetzt sind.

(3) Die Beschäftigung von werdenden Müttern mit

1. Akkordarbeit und sonstigen Arbeiten, bei denen durch ein gesteigertes Arbeitstempo ein höheres Entgelt erzielt werden kann,

2. Fließarbeit mit vorgeschriebenem Arbeitstempo ist verboten. Die Aufsichtsbehörde kann Ausnahmen bewilligen, wenn die Art der Arbeit und das Arbeitstempo eine Beeinträchtigung der Gesundheit von Mutter oder Kind nicht befürchten lassen. Die Aufsichtsbehörde kann die Beschäftigung für alle werdenden Mütter eines

Betriebes oder einer Betriebsabteilung bewilligen, wenn die Voraussetzungen des Satzes 2 für alle im Betrieb oder in der Betriebsabteilung beschäftigten Frauen gegeben sind.

(4) Die Bundesregierung wird ermächtigt, zur Vermeidung von Gesundheitsgefährdungen der werdenden oder stillenden Mütter und ihrer Kinder durch Rechtsverordnung mit Zustimmung des Bundesrates

1. Arbeiten zu bestimmen, die unter die Beschäftigungsverbote der Absätze 1 und 2 fallen,

2. weitere Beschäftigungsverbote für werdende und stillende Mütter vor und nach der Entbindung zu erlassen.

(5) Die Aufsichtsbehörde kann in Einzelfällen bestimmen, ob eine Arbeit unter die Beschäftigungsverbote der Absätze 1 bis 3 oder einer von der Bundesregierung gemäß Absatz 4 erlassenen Verordnung fällt. Sie kann in Einzelfällen die Beschäftigung mit bestimmten anderen Arbeiten verbieten.

§5 Mitteilungs-pflicht, ärztliches Zeugnis

(1) Werdende Mütter sollen dem Arbeitgeber ihre Schwangerschaft und den mutmaßlichen Tag der Entbindung mitteilen, sobald ihnen ihr Zustand bekannt ist. Auf Verlangen des Arbeitgebers sollen sie das Zeugnis eines Arztes oder einer Hebamme vorlegen. Der Arbeitgeber hat die Aufsichtsbehörde unverzüglich von der Mitteilung der werdenden Mutter zu benachrichtigen. Er darf die Mitteilung der werdenden Mutter Dritten nicht unbefugt bekannt geben.

(2) Für die Berechnung der in §3 Abs. 2 bezeichneten Zeiträume vor der Entbindung ist das Zeugnis eines Arztes oder einer Hebamme maßgebend; das Zeugnis soll den mutmaßlichen Tag der Entbindung angeben. Irrt sich der Arzt oder die Hebamme über den Zeitpunkt der Entbindung, so verkürzt oder verlängert sich diese Frist entsprechend.

(3) Die Kosten für die Zeugnisse nach den Absätzen 1 und 2 trägt der Arbeitgeber.

§7 Stillzeit

(1) Stillenden Müttern ist auf ihr Verlangen die zum Stillen erforderliche Zeit, mindestens aber zweimal täglich eine halbe Stunde oder einmal täglich eine Stunde freizugeben. Bei einer zusammenhängenden Arbeitszeit von mehr als acht Stunden soll auf Verlangen zweimal eine Stillzeit von mindestens fünfundvierzig Minuten oder, wenn in der Nähe der Arbeitsstätte keine Stillgelegenheit vorhanden ist, einmal eine Stillzeit von mindestens neunzig Minuten gewährt werden. Die Arbeitszeit gilt als zusammenhängend, soweit sie nicht durch eine Ruhepause von mindestens zwei Stunden unterbrochen wird.

(2) Durch die Gewährung der Stillzeit darf ein Verdienstausfall nicht eintreten. Die Stillzeit darf von stillenden Müttern nicht vor- oder nachgearbeitet und nicht auf die in dem Arbeitszeitgesetz oder in anderen Vorschriften festgesetzten Ruhepausen angerechnet werden.

(3) Die Aufsichtsbehörde kann in Einzelfällen nähere Bestimmungen über Zahl, Lage und Dauer der Stillzeiten treffen; sie kann die Einrichtung von Stillräumen vorschreiben.

(4) Der Auftraggeber oder Zwischenmeister hat den in Heimarbeit Beschäftigten und den ihnen Gleichgestellten für die Stillzeit ein Ent-

gelt von 75 vom Hundert eines durchschnittlichen Stundenverdienstes, mindestens aber 0,75 Deutsche Mark für jeden Werktag zu zahlen. Ist die Frau für mehrere Auftraggeber oder Zwischenmeister tätig, so haben diese das Entgelt für die Stillzeit zu gleichen Teilen zu gewähren. Auf das Entgelt finden die Vorschriften der §§ 23 bis 25 des Heimarbeitsgesetzes vom 14. März 1951 (BGBl. I S. 191) über den Entgeltschutz Anwendung.

§ 8 Mehrarbeit, Nacht- und Sonntagsarbeit

(1) Werdende und stillende Mütter dürfen nicht mit Mehrarbeit, nicht in der Nacht zwischen 20 und 6 Uhr und nicht an Sonn- und Feiertagen beschäftigt werden.

(2) Mehrarbeit im Sinne des Absatzes 1 ist jede Arbeit, die
1. von Frauen unter 18 Jahren über 8 Stunden täglich oder 80 Stunden in der Doppelwoche,
2. von sonstigen Frauen über $8^1/_2$ Stunden täglich oder 90 Stunden in der Doppelwoche hinaus geleistet wird. In die Doppelwoche werden die Sonntage eingerechnet.

(3) Abweichend vom Nachtarbeitsverbot des Absatzes 1 dürfen werdende Mütter in den ersten vier Monaten der Schwangerschaft und stillende Mütter beschäftigt werden
1. in Gast- und Schankwirtschaften und im übrigen Beherbergungswesen bis 22 Uhr,
2. in der Landwirtschaft mit dem Melken von Vieh ab 5 Uhr,
3. als Künstlerinnen bei Musikaufführungen, Theatervorstellungen und ähnlichen Aufführungen bis 23 Uhr.

(4) Im Verkehrswesen, in Gast- und Schankwirtschaften und im übrigen Beherbergungswesen, im Familienhaushalt, in Krankenpflege- und in Badeanstalten, bei Musikaufführungen, Theatervorstellungen, anderen Schaustellungen, Darbietungen oder Lustbarkeiten dürfen werdende oder stillende Mütter, abweichend von Absatz 1, an Sonn- und Feiertagen beschäftigt werden, wenn ihnen in jeder Woche einmal eine ununterbrochene Ruhezeit von mindestens 24 Stunden im Anschluss an eine Nachtruhe gewährt wird.

(5) An in Heimarbeit Beschäftigte und ihnen Gleichgestellte, die werdende oder stillende Mütter sind, darf Heimarbeit nur in solchem Umfang und mit solchen Fertigungsfristen ausgegeben werden, dass sie von der werdenden Mutter voraussichtlich während einer achtstündigen Tagesarbeitszeit, von der stillenden Mutter voraussichtlich während einer $7^1/_4$-stündigen Tagesarbeitszeit an Werktagen ausgeführt werden kann. Die Aufsichtsbehörde kann in Einzelfällen nähere Bestimmungen über die Arbeitsmenge treffen; falls ein Heimarbeitsausschuss besteht, hat sie diesen vorher zu hören.

(6) Die Aufsichtsbehörde kann in begründeten Einzelfällen Ausnahmen von den vorstehenden Vorschriften zulassen.

Dritter Abschnitt: Kündigung

§9 Kündigungsverbot

(1) Die Kündigung gegenüber einer Frau während der Schwangerschaft und bis zum Ablauf von vier Monaten nach der Entbindung ist unzulässig, wenn dem Arbeitgeber zur Zeit der Kündigung die Schwangerschaft oder Entbindung bekannt war oder innerhalb zweier Wochen nach Zugang der Kündigung mitgeteilt wird; das Überschreiten dieser Frist ist unschädlich, wenn es auf einem von der Frau nicht zu vertretenden Grund beruht und die Mitteilung unverzüglich nachgeholt wird. Die Vorschrift des Satzes 1 gilt für Frauen, die den in Heimarbeit Beschäftigten gleichgestellt sind, nur, wenn sich die Gleichstellung auch auf den Neunten Abschnitt – Kündigung – des Heimarbeitsgesetzes vom 14. März 1951 (BGBl. I S. 191) erstreckt.

(2) Kündigt eine schwangere Frau, gilt §5 Abs. 1 Satz 3 entsprechend.

(3) Die für den Arbeitsschutz zuständige oberste Landesbehörde oder die von ihr bestimmte Stelle kann in besonderen Fällen, die nicht mit dem Zustand einer Frau während der Schwangerschaft oder ihrer Lage bis zum Ablauf von vier Monaten nach der Entbindung in Zusammenhang stehen, ausnahmsweise die Kündigung für zulässig erklären. Die Kündigung bedarf der schriftlichen Form, und sie muss den zulässigen Kündigungsgrund angeben.

(4) In Heimarbeit Beschäftigte und ihnen Gleichgestellte dürfen während der Schwangerschaft und bis zum Ablauf von vier Monaten nach der Entbindung nicht gegen ihren Willen bei der Ausgabe von Heimarbeit ausgeschlossen werden; die Vorschriften der §§3, 4, 6 und 8 Abs. 5 bleiben unberührt.

§10 Erhaltung von Rechten

(1) Eine Frau kann während der Schwangerschaft und während der Schutzfrist nach der Entbindung (§6 Abs. 1) das Arbeitsverhältnis ohne Einhaltung einer Frist zum Ende der Schutzfrist nach der Entbindung kündigen.

(2) Wird das Arbeitsverhältnis nach Absatz 1 aufgelöst und wird die Frau innerhalb eines Jahres nach der Entbindung in ihrem bisherigen Betrieb wieder eingestellt, so gilt, soweit Rechte aus dem Arbeitsverhältnis von der Dauer der Betriebs- oder Berufszugehörigkeit oder von der Dauer der Beschäftigungs- oder Dienstzeit abhängen, das Arbeitsverhältnis als nicht unterbrochen. Dies gilt nicht, wenn die Frau in der Zeit von der Auflösung des Arbeitsverhältnisses bis zur Wiedereinstellung bei einem anderen Arbeitgeber beschäftigt war.

Vierter Abschnitt: Leistungen

§11 Arbeitsentgelt bei Beschäftigungsverboten

(1) Den unter den Geltungsbereich des §1 fallenden Frauen ist, soweit sie nicht Mutterschaftsgeld nach den Vorschriften der Reichsversicherungsordnung beziehen können, vom Arbeitgeber mindestens der Durchschnittsverdienst der letzten dreizehn Wochen oder der letzten drei Monate vor Beginn des Monats, in dem die Schwangerschaft eingetreten ist, weiter zu gewähren, wenn sie wegen eines Beschäftigungsverbots nach §3 Abs. 1, §§4, 6 Abs. 2 oder 3 oder wegen des Mehr-, Nacht- oder Sonntagsarbeitsverbots nach §8 Abs. 1, 3 oder 5

teilweise oder völlig mit der Arbeit aussetzen. Dies gilt auch, wenn wegen dieser Verbote die Beschäftigung oder die Entlohnungsart wechselt. Wird das Arbeitsverhältnis erst nach Eintritt der Schwangerschaft begonnen, so ist der Durchschnittsverdienst aus dem Arbeitsentgelt der ersten dreizehn Wochen oder drei Monate der Beschäftigung zu berechnen. Hat das Arbeitsverhältnis nach Satz 1 oder 3 kürzer gedauert, so ist der kürzere Zeitraum der Berechnung zugrunde zu legen. Zeiten, in denen kein Arbeitsentgelt erzielt wurde, bleiben außer Betracht.

(2) Bei Verdiensterhöhungen nicht nur vorübergehender Natur, die während oder nach Ablauf des Berechnungszeitraums eintreten, ist von dem erhöhten Verdienst auszugehen. Verdienstkürzungen, die im Berechnungszeitraum infolge von Kurzarbeit, Arbeitsausfällen oder unverschuldeter Arbeitsversäumnis eintreten, bleiben für die Berechnung des Durchschnittsverdienstes außer Betracht.

(3) Die Bundesregierung wird ermächtigt, durch Rechtsverordnung mit Zustimmung des Bundesrates Vorschriften über die Berechnung des Durchschnittsverdienstes im Sinne der Absätze 1 und 2 zu erlassen.

§ 12

(weggefallen)

§ 13 Mutterschaftsgeld

(1) Frauen, die Mitglied einer Krankenkasse sind, erhalten für die Zeit der Schutzfristen des § 3 Abs. 2 und des § 6 Abs. 1 sowie für den Entbindungstag Mutterschaftsgeld nach den Vorschriften der Reichsversicherungsordnung oder des Gesetzes über die Krankenversicherung der Landwirte über das Mutterschaftsgeld.

(2) Frauen, die nicht Mitglied einer Krankenkasse sind, erhalten, wenn sie bei Beginn der Schutzfrist nach § 3 Abs. 2 in einem Arbeitsverhältnis stehen oder in Heimarbeit beschäftigt sind oder ihr Arbeitsverhältnis während ihrer Schwangerschaft vom Arbeitgeber zulässig aufgelöst worden ist, für die Zeit der Schutzfristen des § 3 Abs. 2 und des § 6 Abs. 1 sowie für den Entbindungstag Mutterschaftsgeld zu Lasten des Bundes in entsprechender Anwendung der Vorschriften der Reichsversicherungsordnung über das Mutterschaftsgeld, höchstens jedoch insgesamt vierhundert Deutsche Mark. Das Mutterschaftsgeld wird diesen Frauen vom Bundesversicherungsamt gezahlt.

§ 14 Zuschuss zum Mutterschaftsgeld

(1) Frauen, die Anspruch auf Mutterschaftsgeld nach § 200 Abs. 1, 2 Satz 1 bis 4 und Abs. 3 der Reichsversicherungsordnung, § 29 Abs. 1, 2 und 4 des Gesetzes über die Krankenversicherung der Landwirte oder § 13 Abs. 2 haben, erhalten für die Zeit der Schutzfristen des § 3 Abs. 2 und § 6 Abs. 1 sowie für den Entbindungstag von ihrem Arbeitgeber einen Zuschuss in Höhe des Unterschiedsbetrages zwischen 25 Deutsche Mark und dem um die gesetzlichen Abzüge verminderten durchschnittlichen kalendertäglichen Arbeitsentgelt. Das durchschnittliche kalendertägliche Arbeitsentgelt ist aus den letzten drei abgerechneten Kalendermonaten, bei wöchentlicher Abrechnung aus den letzten dreizehn abgerechneten Wochen vor Beginn der Schutzfrist nach § 3 Abs. 2 zu berechnen. Nicht nur vorübergehende Erhöhungen des

Arbeitsentgeltes, die während der Schutzfristen des §3 Abs. 2 und §6 Abs. 1 wirksam werden, sind ab diesem Zeitpunkt in die Berechnung einzubeziehen. Einmalig gezahltes Arbeitsentgelt (§23a des Vierten Buches Sozialgesetzbuch) sowie Tage, an denen infolge von Kurzarbeit, Arbeitsausfällen oder unverschuldeter Arbeitsversäumnis kein oder ein vermindertes Arbeitsentgelt erzielt wurde, bleiben außer Betracht. Ist danach eine Berechnung nicht möglich, so ist das durchschnittliche kalendertägliche Arbeitsentgelt einer gleichartig Beschäftigten zugrunde zu legen.

(2) Frauen, deren Arbeitsverhältnis während ihrer Schwangerschaft oder während der Schutzfrist des §6 Abs. 1 vom Arbeitgeber zulässig aufgelöst worden ist, erhalten den Zuschuss nach Absatz 1 zu Lasten des Bundes von der für die Zahlung des Mutterschaftsgeldes zuständigen Stelle.

(3) Kann der Arbeitgeber seine Verpflichtung zur Zahlung des Zuschusses nach Absatz 1 für die Zeit nach Eröffnung des Insolvenzverfahrens oder nach rechtskräftiger Abweisung des Antrags auf Eröffnung des Insolvenzverfahrens mangels Masse bis zur zulässigen Auflösung des Arbeitsverhältnisses wegen Zahlungsunfähigkeit nicht erfüllen, erhalten die Frauen den Zuschuss zu Lasten des Bundes von der für die Zahlung des Mutterschaftsgeldes zuständigen Stelle.

(4) Der Zuschuss nach den Absätzen 1 bis 3 entfällt für die Zeit, in der Frauen die Elternzeit nach dem Bundeserziehungsgeldgesetz in Anspruch nehmen oder in Anspruch genommen hätten, wenn deren Arbeitsverhältnis nicht während ihrer Schwangerschaft oder während der Schutzfrist des §6 Abs. 1 vom Arbeitgeber zulässig aufgelöst worden wäre. Dies gilt nicht, soweit sie eine zulässige Teilzeitarbeit leisten.

§15 Sonstige Leistungen bei Schwangerschaft und Mutterschaft

Frauen, die in der gesetzlichen Krankenversicherung versichert sind, erhalten auch die folgenden Leistungen bei Schwangerschaft und Mutterschaft nach den Vorschriften der Reichsversicherungsordnung oder des Gesetzes über die Krankenversicherung der Landwirte:
1. ärztliche Betreuung und Hebammenhilfe,
2. Versorgung mit Arznei-, Verband- und Heilmitteln,
3. stationäre Entbindung,
4. häusliche Pflege,
5. Haushaltshilfe,
6. Entbindungsgeld.

§16 Freizeit für Untersuchungen

Der Arbeitgeber hat der Frau die Freizeit zu gewähren, die zur Durchführung der Untersuchungen im Rahmen der Leistungen der gesetzlichen Krankenversicherung bei Schwangerschaft und Mutterschaft erforderlich ist. Entsprechendes gilt zugunsten der Frau, die nicht in der gesetzlichen Krankenversicherung versichert ist. Ein Entgeltausfall darf hierdurch nicht eintreten.

§17

(weggefallen)

Fünfter Abschnitt: Durchführung des Gesetzes

§ 18 Auslage des Gesetzes

(1) In Betrieben und Verwaltungen, in denen regelmäßig mehr als drei Frauen beschäftigt werden, ist ein Abdruck dieses Gesetzes an geeigneter Stelle zur Einsicht auszulegen oder auszuhängen.

(2) Wer Heimarbeit ausgibt oder abnimmt, hat in den Räumen der Ausgabe und Abnahme einen Abdruck dieses Gesetzes an geeigneter Stelle zur Einsicht auszulegen oder auszuhängen.

§ 19 Auskunft

(1) Der Arbeitgeber ist verpflichtet, der Aufsichtsbehörde auf Verlangen

1. die zur Erfüllung der Aufgaben dieser Behörde erforderlichen Angaben wahrheitsgemäß und vollständig zu machen,

2. die Unterlagen, aus denen Namen, Beschäftigungsart und -zeiten der werdenden und stillenden Mütter sowie Lohn- und Gehaltszahlungen ersichtlich sind, und alle sonstigen Unterlagen, die sich auf die zu Nummer 1 zu machenden Angaben beziehen, zur Einsicht vorzulegen oder einzusenden.

(2) Die Unterlagen sind mindestens bis zum Ablauf von zwei Jahren nach der letzten Eintragung aufzubewahren.

§ 20 Aufsichtsbehörden

(1) Die Aufsicht über die Ausführung der Vorschriften dieses Gesetzes und der auf Grund dieses Gesetzes erlassenen Vorschriften obliegt den nach Landesrecht zuständigen Behörden (Aufsichtsbehörden).

(2) Die Aufsichtsbehörden haben dieselben Befugnisse und Obliegenheiten wie nach § 139b der Gewerbeordnung die dort genannten besonderen Beamten. Das Grundrecht der Unverletzlichkeit der Wohnung (Artikel 13 des Grundgesetzes) wird insoweit eingeschränkt.

Sechster Abschnitt: Straftaten und Ordnungswidrigkeiten

§ 21 Straftaten und Ordnungswidrigkeiten

(1) Ordnungswidrig handelt der Arbeitgeber, der vorsätzlich oder fahrlässig

1. den Vorschriften der §§ 3, 4 Abs. 1 bis 3 Satz 1 oder § 6 Abs. 1 bis 3 Satz 1 über die Beschäftigungsverbote vor und nach der Entbindung,

2. den Vorschriften des § 7 Abs. 1 Satz 1 oder Abs. 2 Satz 2 über die Stillzeit,

3. den Vorschriften des § 8 Abs. 1 oder 3 bis 5 Satz 1 über Mehr-, Nacht- oder Sonntagsarbeit,

4. den auf Grund des § 4 Abs. 4 erlassenen Vorschriften, soweit sie für einen bestimmten Tatbestand auf diese Bußgeldvorschrift verweisen,

5. einer vollziehbaren Verfügung der Aufsichtsbehörde nach § 2 Abs. 5, § 4 Abs. 5, § 6 Abs. 3 Satz 2, § 7 Abs. 3 oder § 8 Abs. 5 Satz 2 Halbsatz 1,

6. den Vorschriften des § 5 Abs. 1 Satz 3 über die Benachrichtigung,

7. der Vorschrift des § 16 Satz 1, auch in Verbindung mit Satz 2, über die Freizeit für Untersuchungen oder

8. den Vorschriften des §18 über die Auslage des Gesetzes oder des §19 über die Einsicht, Aufbewahrung und Vorlage der Unterlagen und über die Auskunft zuwiderhandelt.

(2) Die Ordnungswidrigkeit nach Absatz 1 Nr. 1 bis 5 kann mit einer Geldbuße bis zu dreißigtausend Deutsche Mark, die Ordnungswidrigkeit nach Absatz 1 Nr. 6 bis 8 mit einer Geldbuße bis zu fünftausend Deutsche Mark geahndet werden.

(3) Wer vorsätzlich eine der in Absatz 1 Nr. 1 bis 5 bezeichneten Handlungen begeht und dadurch die Frau in ihrer Arbeitskraft oder Gesundheit gefährdet, wird mit Freiheitsstrafe bis zu einem Jahr oder mit Geldstrafe bestraft.

(4) Wer in den Fällen des Absatzes 3 die Gefahr fahrlässig verursacht, wird mit Freiheitsstrafe bis zu sechs Monaten oder mit Geldstrafe bis zu einhundertachtzig Tagessätzen bestraft.

§§ 22 und 23   (weggefallen)

Siebenter Abschnitt: Schlussvorschriften

§ 24 In Heimarbeit Beschäftigte   Für die in Heimarbeit Beschäftigten und die ihnen Gleichgestellten gelten
1. die §§ 3, 4 und 6 mit der Maßgabe, dass an die Stelle der Beschäftigungsverbote das Verbot der Ausgabe von Heimarbeit tritt,
2. § 2 Abs. 4, § 5 Abs. 1 und 3, § 9 Abs. 1, § 11 Abs. 1, § 13 Abs. 2, die §§ 14, 16, 19 Abs. 1 und § 21 Abs. 1 mit der Maßgabe, dass an die Stelle des Arbeitgebers der Auftraggeber oder Zwischenmeister tritt.

§ 25   (weggefallen)

Mutterschafts-Richtlinien

Richtlinien des Bundesausschusses der Ärzte und Krankenkassen über die ärztliche Betreuung während der Schwangerschaft und nach der Entbindung („Mutterschafts-Richtlinien")[*] in der Fassung vom 10. Dezember 1985 (veröffentlicht im Bundesanzeiger Nr. 60 a vom 27. März 1986) zuletzt geändert am 23. Oktober 1998 (veröffentlicht im Bundesanzeiger Nr. 16 vom 26. Januar 1999), in Kraft getreten am 27. Januar 1999

Die vom Bundesausschuß der Ärzte und Krankenkassen gemäß § 92 Abs. 1 Satz 2 Nr. 4 des Fünften Buches Sozialgesetzbuch (SGB V) i. V. m. § 196 der Reichsversicherungsordnung (RVO) bzw. § 23 des Gesetzes über die Krankenversicherung der Landwirte (KVLG 1972) beschlossenen Richtlinien dienen der Sicherung einer nach den Regeln der ärztlichen Kunst und unter Berücksichtigung des allgemein anerkannten Standes der medizinischen Erkenntnisse ausreichenden, zweck-

---

[*] Zu recherchieren unter Archivnr. 109957 in der Arzt-Datenbank des DIS-KBV

mäßigen und wirtschaftlichen ärztlichen Betreuung der Versicherten während der Schwangerschaft und nach der Entbindung (§§ 2 Abs. 1, 12 Abs. 1, 28 Abs. 1, 70 Abs. 1 und 73 Abs. 2 SGB V).

Allgemeines

1. Durch die ärztliche Betreuung während der Schwangerschaft und nach der Entbindung sollen mögliche Gefahren für Leben und Gesundheit von Mutter oder Kind abgewendet sowie Gesundheitsstörungen rechtzeitig erkannt und der Behandlung zugeführt werden. Vorrangiges Ziel der ärztlichen Schwangerenvorsorge ist die frühzeitige Erkennung von Risikoschwangerschaften und Risikogeburten.

2. Zur notwendigen Aufklärung über den Wert dieser den Erkenntnissen der medizinischen Wissenschaft entsprechenden ärztlichen Betreuung während der Schwangerschaft und nach der Entbindung sollen Ärzte, Krankenkassen und Hebammen zusammenwirken.

3. Die an der kassenärztlichen Versorgung teilnehmenden Ärzte treffen ihre Maßnahmen der ärztlichen Betreuung während der Schwangerschaft und nach der Entbindung nach pflichtgemäßem Ermessen innerhalb des durch Gesetz bestimmten Rahmens. Die Ärzte sollten diese Richtlinien beachten, um den Versicherten und ihren Angehörigen eine nach den Regeln der ärztlichen Kunst zweckmäßige und ausreichende ärztliche Betreuung während der Schwangerschaft und nach der Entbindung unter Vermeidung entbehrlicher Kosten zukommen zu lassen.

4. Die Maßnahmen nach diesen Richtlinien dürfen nur diejenigen Ärzte ausführen, welche die vorgesehenen Leistungen aufgrund ihrer Kenntnisse und Erfahrungen erbringen können, nach der ärztlichen Berufsordnung dazu berechtigt sind und über die erforderlichen Einrichtungen verfügen. Sofern ein Arzt Maßnahmen nach Abschnitt A. 6. sowie Einzelmaßnahmen nach Abschnitt B., C. und D. nicht selbst ausführen kann, sollen diese von solchen Ärzten ausgeführt werden, die über die entsprechenden Kenntnisse und Einrichtungen verfügen.

5. Die an der kassenärztlichen Versorgung teilnehmenden Ärzte haben darauf hinzuwirken, daß für sie tätig werdende Vertreter diese Richtlinien kennen und beachten.

6. Es sollen nur Maßnahmen angewendet werden, deren diagnostischer und vorbeugender Wert ausreichend gesichert ist; eine Erprobung auf Kosten der Versichertengemeinschaft ist unzulässig.

7. Ärztliche Betreuung im Sinne der §§ 196 RVO und 23 KVLG sind solche Maßnahmen, welche der Überwachung des Gesundheitszustandes der Schwangeren bzw. Wöchnerinnen dienen, soweit sie nicht ärztliche Behandlung im Sinne des § 28 Abs. 1 SGB V darstellen. Im einzelnen gehören zu der Betreuung:

a) Untersuchungen und Beratungen während der Schwangerschaft* (siehe Abschnitt A.)

b) Frühzeitige Erkennung und besondere Überwachung von Risikoschwangerschaften — amnioskopische und kardiotokographische

---

* Die Untersuchung zum Zwecke der Feststellung der Schwangerschaft ist Bestandteil der kurativen Versorgung.

Untersuchungen, Ultraschalldiagnostik, Fruchtwasseruntersuchungen usw. – (siehe Abschnitt B.)

c) Serologische Untersuchungen auf Infektionen
   - z. B. Lues, Röteln, Hepatitis B
   - bei begründetem Verdacht auf Toxoplasmose und andere Infektionen
   - zum Ausschluß einer HIV-Infektion; auf freiwilliger Basis nach vorheriger ärztlicher Beratung der Schwangeren
   sowie
   - blutgruppenserologische Untersuchungen während der Schwangerschaft (siehe Abschnitt C.)

d) Blutgruppenserologische Untersuchungen nach Geburt oder Fehlgeburt und Anti-D-Immunglobulin-Prophylaxe (siehe Abschnitt D.)

e) Untersuchungen und Beratungen der Wöchnerin (siehe Abschnitt F.)

f) Medikamentöse Maßnahmen und Verordnungen von Verband- und Heilmitteln (siehe Abschnitt G.)

g) Aufzeichnungen und Bescheinigungen (siehe Abschnitt H.).

A. Untersuchungen und Beratungen sowie sonstige Maßnahmen während der Schwangerschaft

1. Die Schwangere soll in ausreichendem Maße ärztlich untersucht und beraten werden. Die Beratung soll sich auch auf die Risiken einer HIV-Infektion bzw. AIDS-Erkrankung erstrecken. Dabei soll der Arzt auch über die Infektionsmöglichkeiten und deren Häufung bei bestimmten Verhaltensweisen informieren. Darüber hinaus soll der Arzt im letzten Drittel der Schwangerschaft bedarfsgerecht über die Bedeutung der Mundgesundheit für Mutter und Kind aufklären.

In die ärztliche Beratung sind auch ernährungsmedizinische Empfehlungen als Maßnahme der Gesundheitsförderung einzubeziehen. Dabei ist insbesondere auf eine ausreichende Jodzufuhr und den Zusammenhang zwischen Ernährung und Kariesrisiko hinzuweisen.

2. Die erste Untersuchung nach Feststellung der Schwangerschaft sollte möglichst frühzeitig erfolgen. Sie umfaßt:

a) Die Familienanamnese,
   die Eigenanamnese,
   die Schwangerschaftsanamnese,
   die Arbeits- und Sozialanamnese;

b) Die Allgemeinuntersuchung,
   die gynäkologische Untersuchung (einschließlich eines Zervixabstriches zur Untersuchung auf Chlamydia trachomatis mittels eines geeigneten Antigennachweises[*] oder eines Nukleinsäurenachweises ohne Amplifikation (sog. Gensonden-Test)) und weitere diagnostische Maßnahmen:
   Blutdruckmessung,
   Feststellung des Körpergewichts,
   Untersuchung des Mittelstrahlurins auf Eiweiß, Zucker und Sediment, gegebenenfalls bakteriologische Untersuchungen (z. B. bei

---

[*] Zulassung der Reagenzien durch das Bundesamt für Sera und Impfstoffe (Paul-Ehrlich-Institut)

auffälliger Anamnese, Blutdruckerhöhung, Sedimentbefund),
Hämoglobinbestimmung und – je nach dem Ergebnis dieser
Bestimmung (bei weniger als 11,2 g pro 100 ml = 70% Hb) – Zählung der Erythrozyten.

3. Ergeben sich im Rahmen der Mutterschaftsvorsorge Anhaltspunkte für ein genetisch bedingtes Risiko, so ist der Arzt gehalten, die Schwangere über die Möglichkeiten einer humangenetischen Beratung und/oder humangenetischen Untersuchung aufzuklären.

4. Die nachfolgenden Untersuchungen sollen – unabhängig von der Behandlung von Beschwerden und Krankheitserscheinungen – im allgemeinen im Abstand von vier Wochen stattfinden und umfassen:
Gewichtskontrolle,
Blutdruckmessung,
Untersuchung des Mittelstrahlurins auf Eiweiß, Zucker und Sediment,
gegebenenfalls bakteriologische Untersuchungen (z. B. bei auffälliger
Anamnese, Blutdruckerhöhung, Sedimentbefund),
Hämoglobinbestimmung – im Regelfall ab 6. Monat, falls bei Erstuntersuchung normal –; je nach dem Ergebnis dieser Bestimmung (bei
weniger als 11,2 g je 100 ml = 70% Hb) Zählung der Erythrozyten,
Kontrolle des Standes der Gebärmutter,
Kontrolle der kindlichen Herzaktionen,
Feststellung der Lage des Kindes.
In den letzten zwei Schwangerschaftsmonaten sind im allgemeinen je
zwei Untersuchungen angezeigt.

5. Im Verlauf der Schwangerschaft soll ein Ultraschall-Screening mittels B-Mode-Verfahren durchgeführt werden. Die Untersuchungen
erfolgen
– von Beginn der 9. bis zum Ende der 12. SSW (1. Screening)
– von Beginn der 19. bis zum Ende der 22. SSW (2. Screening)
– von Beginn der 29. bis zum Ende der 32. SSW (3. Screening).
Dieses Ultraschall-Screening dient der Überwachung einer normal
verlaufenden Schwangerschaft insbesondere mit dem Ziel
– der genauen Bestimmung des Gestationsalters
– der Kontrolle der somatischen Entwicklung des Feten
– der Suche nach auffälligen fetalen Merkmalen
– dem frühzeitigen Erkennen von Mehrlingsschwangerschaften.
Der Inhalt des Screening ist für die jeweiligen Untersuchungszeiträume in **Anlage 1 a** festgelegt.
Ergeben sich aus dem Screening auffällige Befunde, die der Kontrolle
durch Ultraschall-Untersuchungen mit B-Mode oder gegebenenfalls
anderen sonographischen Verfahren bedürfen, sind diese Kontroll-Untersuchungen auch außerhalb der vorgegebenen Untersuchungszeiträume Bestandteil des Screening. Dies gilt insbesondere für Untersuchungen bei den in **Anlage 1 b** aufgeführten Indikationen.

6. Ergibt sich aus den Screening-Untersuchungen – gegebenenfalls
einschließlich der Kontrolluntersuchungen – die Notwendigkeit zu
einer weiterführenden sonographischen Diagnostik, auch mit anderen sonographischen Verfahren, sind diese Untersuchungen ebenfalls
Bestandteil der Mutterschaftsvorsorge, aber nicht mehr des
Screening. Dies gilt auch für alle weiterführenden sonographischen

Untersuchungen, die notwendig werden, den Schwangerschaftsverlauf und die Entwicklung des Feten zu kontrollieren, um gegebenenfalls therapeutische Maßnahmen ergreifen oder geburtshilfliche Konsequenzen ziehen zu können. Die Indikationen hierfür sind in den **Anlagen 1 c** und **1 d** angeführt.

Die Anwendung dopplersonographischer Untersuchungen zur weiterführenden Diagnostik ist ebenfalls Bestandteil der Mutterschaftsvorsorge. Diese Untersuchungen können nur nach Maßgabe der in **Anlage 1 d** aufgeführten Indikationen durchgeführt werden.

Ergibt sich aus sonographischen Untersuchungen die Notwendigkeit zu weiterführender sonographischer Diagnostik durch einen anderen Arzt, sind die relevanten Bilddokumentationen, welche die Indikation zu dieser weiterführenden Diagnostik begründen, diesem Arzt vor der Untersuchung zur Verfügung zu stellen.

7. Untersuchungen nach Nr. 4 können auch von einer Hebamme im Umfang ihrer beruflichen Befugnisse (Gewichtskontrolle, Blutdruckmessung, Urinuntersuchung auf Eiweiß und Zucker, Kontrolle des Standes der Gebärmutter, Feststellung der Lage, Stellung und Haltung des Kindes, Kontrolle der kindlichen Herztöne sowie allgemeine Beratung der Schwangeren) durchgeführt und im Mutterpaß dokumentiert werden, wenn der Arzt dies im Einzelfall angeordnet hat oder wenn der Arzt einen normalen Schwangerschaftsverlauf festgestellt hat und daher seinerseits keine Bedenken gegenüber weiteren Vorsorgeuntersuchungen durch die Hebamme bestehen. Die Delegierung der Untersuchungen an die Hebamme entbindet den Arzt nicht von der Verpflichtung zur Durchführung der von ihm vorzunehmenden Untersuchungen (Untersuchung des Urinsediments, gegebenenfalls bakteriologische Untersuchung, Hämoglobinbestimmung, Ultraschalluntersuchung sowie die Untersuchungen bei Risikoschwangerschaft).

8. Der betreuende Arzt soll die Schwangere in der von ihr gewählten Entbindungsklinik rechtzeitig vor der zu erwartenden Geburt vorstellen. Dabei soll die Planung der Geburtsleitung durch den betreuenden Arzt der Entbindungsklinik erfolgen. Dies schließt eine geburtshilfliche Untersuchung, eine Besprechung mit der Schwangeren sowie gegebenenfalls eine sonographische Untersuchung ein.

B. Erkennung und besondere Überwachung der Risikoschwangerschaften und Risikogeburten

1. Risikoschwangerschaften sind Schwangerschaften, bei denen aufgrund der Vorgeschichte oder erhobener Befunde mit einem erhöhten Risiko für Leben und Gesundheit von Mutter oder Kind zu rechnen ist. Dazu zählen insbesondere:

I. Nach Anamnese

a) Schwere Allgemeinerkrankungen der Mutter (z. B. an Niere und Leber oder erhebliche Adipositas)

b) Zustand nach Sterilitätsbehandlung, wiederholten Aborten oder Frühgeburten

c) Totgeborenes oder geschädigtes Kind

d) Vorausgegangene Entbindungen von Kindern über 4.000 g Gewicht, hypotrophen Kindern (small for date babies), Mehrlingen

e) Zustand nach Uterusoperationen (z. B. Sectio, Myom, Fehlbildung)

f) Komplikationen bei vorangegangenen Entbindungen (z. B. Placenta praevia, vorzeitige Lösung der Placenta, Rißverletzungen, Atonie oder sonstige Nachgeburtsblutungen, Gerinnungsstörungen, Krämpfe, Thromboembolie)

g) Erstgebärende unter 18 Jahren oder über 35 Jahre

h) Mehrgebärende über 40 Jahre, Vielgebärende mit mehr als vier Kindern (Gefahren: Genetische Defekte, sog. Placentainsuffizienz, geburtsmechanische Komplikationen).

II. Nach Befund (jetzige Schwangerschaft)

a) EPH-Gestose (d. h. Blutdruck 140/90 oder mehr, Eiweißausscheidung 1‰ bzw. 1 g/24 Std. oder mehr, Ödeme oder Gewichtszunahme von mehr als 500 g je Woche im letzten Trimenon); Pyelonephritis (Keimzahlen über 100.000 im Mittelstrahlurin)

b) Anämie unter 10 g/100 ml (g %)

c) Diabetes mellitus

d) Uterine Blutung

e) Blutgruppen-Inkompatibilität (Früherkennung und Prophylaxe des Morbus haemolyticus fetalis bzw. neonatorum)

f) Diskrepanz zwischen Uterus- bzw. Kindsgröße und Schwangerschaftsdauer (z. B. fraglicher Geburtstermin, retardiertes Wachstum, Riesenkind, Gemini, Molenbildung, Hydramnion, Myom)

g) Drohende Frühgeburt (vorzeitige Wehen, Zervixinsuffizienz)

h) Mehrlinge; pathologische Kindslagen

i) Überschreitung des Geburtstermins bzw. Unklarheit über den Termin.

2. Aus Risikoschwangerschaften können sich Risikogeburten entwickeln.

Bei folgenden Befunden ist mit einem erhöhten Risiko unter der Geburt zu rechnen:

a) Frühgeburt

b) Placenta praevia, vorzeitige Placentalösung

c) Jede Art von Mißverhältnis Kind/Geburtswege.

3. Bei Risikoschwangerschaften können häufigere als vierwöchentliche Untersuchungen (bis zur 32. Woche) bzw. häufigere als zweiwöchentliche Untersuchungen (in den letzten 8 Schwangerschaftswochen) angezeigt sein.

4. Bei Risikoschwangerschaften können neben den üblichen Untersuchungen

noch folgende in Frage kommen:

a) Ultraschall-Untersuchungen (Sonographie) (Die Voraussetzungen für die Durchführung von zusätzlichen Ultraschall-Untersuchungen bei Risikoschwangerschaften, die über das sonographische Screening hinausgehen, werden im Abschnitt A. Nr. 6 abgehandelt und sind in den Anlagen 1 c und 1 d zu diesen Richtlinien spezifiziert.)

b) Tokographische Untersuchungen vor der 28. Schwangerschaftswoche bei Verdacht auf vorzeitige Wehentätigkeit oder bei medikamentöser Wehenhemmung

c) Kardiotokographische Untersuchungen (CTG)

(Kardiotokographische Untersuchungen können in der Schwangerenvorsorge nicht routinemäßig durchgeführt werden. Sie sind nur nach Maßgabe des Indikationskataloges nach Anlage 2 der Richtlinien angezeigt)

d) Amnioskopien

e) Fruchtwasseruntersuchungen nach Gewinnung des Fruchtwassers durch Amniozentese

f) Transzervikale Gewinnung von Chorionzottengewebe oder transabdominale Gewinnung von Plazentagewebe

5. Von der Erkennung eines Risikomerkmals ab soll ein Arzt die Betreuung einer Schwangeren nur dann weiterführen, wenn er die Untersuchungen nach Nr. 4. a) bis f) erbringen oder veranlassen und die sich daraus ergebenen Maßnahmen durchführen kann. Anderenfalls soll er die Schwangere einem Arzt überweisen, der über solche Möglichkeiten verfügt.

6. Der betreuende Arzt soll die Schwangere bei der Wahl der Entbindungsklinik unter dem Gesichtspunkt beraten, daß die Klinik über die nötigen personellen und apparativen Möglichkeiten zur Betreuung von Risikogeburten und/oder Risikokindern verfügt.

C. Serologische Untersuchungen und Maßnahmen während der Schwangerschaft

1. Bei jeder Schwangeren sollte zu einem möglichst frühen Zeitpunkt aus einer Blutprobe

a) der TPHA (Treponema-pallidum-Hämagglutinationstest) als Lues-Suchreaktion (LSR),

b) der Röteln-Hämagglutinationshemmungstest (Röteln-HAH),

c) gegebenenfalls ein HIV-Test,

d) die Bestimmung der Blutgruppe und des Rh-Faktors D,

e) ein Antikörper-Suchtest (AK)

durchgeführt werden.

Zu a): Ist die Lues-Suchreaktion positiv, so sollen aus derselben Blutprobe die üblichen serologischen Untersuchungen auf Lues durchgeführt werden.

Bei der Lues-Suchreaktion ist lediglich die Durchführung und nicht das Ergebnis der Untersuchung im Mutterpaß zu dokumentieren.

Zu b): Immunität und damit Schutz vor Röteln-Embryopathie für die bestehende Schwangerschaft ist anzunehmen, wenn spezifische Antikörper rechtzeitig vor Eintritt dieser Schwangerschaft nachgewiesen worden sind und der Befund ordnungsgemäß dokumentiert worden ist. Der Arzt ist gehalten, sich solche Befunde vorlegen zu lassen und sie in den Mutterpaß zu übertragen. Auch nach erfolgter Rötelnschutzimpfung ist der Nachweis spezifischer Antikörper zu erbringen und entsprechend zu dokumentieren. Liegen Befunde aus der Vorschwangerschaftszeit vor, die auf Immunität schließen lassen (siehe Abs. 2), so besteht Schutz vor einer Röteln-Embryopathie.

Liegen entsprechende Befunde nicht vor, so ist der Immunstatus der Schwangeren unverzüglich mittels des HAH-Tests zu bestimmen. Ein positiver Antikörpernachweis gilt ohne zusätzliche Untersuchungen als erbracht, wenn der HAH-Titer mindestens 1:32 beträgt. Bei niedrigeren HAH-Titern ist die Spezifität des Antikörpernachweises durch eine andere geeignete Methode zu sichern, für welche die benötigten Reagenzien staatlich zugelassen[*] sind. Bestätigt diese Untersuchung die Spezifität des Ergebnisses, kann auch dann Immunität angenommen werden. Im serologischen Befund ist wörtlich auszudrücken, ob Immunität angenommen werden kann oder nicht.

Wird Immunität erstmals während der laufenden Schwangerschaft festgestellt, kann Schutz vor Röteln-Embryopathie nur dann angenommen werden, wenn sich aus der gezielt erhobenen Anamnese keine für die Schwangerschaft relevanten Anhaltspunkte für Röteln-Kontakt oder eine frische Röteln- Infektion ergeben. Der Arzt, der die Schwangere betreut, ist deshalb gehalten, die Anamnese sorgfältig zu erheben und zu dokumentieren sowie Auffälligkeiten dem Serologen mitzuteilen. Bei auffälliger Anamnese sind weitere serologische Untersuchungen erforderlich (Nachweis rötelnspezifischer IgM-Antikörper und/oder Kontrolle des Titerverlaufs). Die weiterführenden serologischen Untersuchungen sind nicht notwendig, wenn innerhalb von 11 Tagen nach erwiesenem oder vermutetem Röteln-Kontakt spezifische Antikörper nachgewiesen werden.

Schwangere, bei denen ein Befund vorliegt, der nicht auf Immunität schließen läßt, sollen aufgefordert werden, sich unverzüglich zur ärztlichen Beratung zu begeben, falls sie innerhalb der ersten vier Schwangerschaftsmonate Röteln-Kontakt haben oder an rötelnverdächtigen Symptomen erkranken. Auch ohne derartige Verdachtsmomente soll bei diesen Schwangeren in der 16.-17. Schwangerschaftswoche eine erneute Antikörper-Untersuchung gemäß Abs. 2 durchgeführt werden.

Wird bei einer Schwangeren ohne Immunschutz oder mit ungeklärtem Immunstatus Röteln-Kontakt nachgewiesen oder vermutet, so sollte der Schwangeren zur Vermeidung einer Röteln-Embryopathie unverzüglich Röteln-Immunglobulin injiziert werden. Die Behandlung mit Röteln-Immunglobulin ist aber nur sinnvoll bis zu sieben Tagen nach der Exposition.

Eine aktive Rötelnschutzimpfung soll während der Schwangerschaft nicht vorgenommen werden.

Zu c): Aus dem Blut der Schwangeren ist ein immunochemischer Antikörpertest vorzunehmen, für welchen die benötigten Reagenzien staatlich zugelassen[*] sind. Ist diese Untersuchung positiv, so muß das Ergebnis mittels Immuno-Blot aus derselben Blutprobe gesichert werden. Alle notwendigen weiterführenden Untersuchungen sind Bestandteil der kurativen Versorgung.

Die AIDS-Beratung und die sich gegebenenfalls daran anschließende HIV-Untersuchung werden im Mutterpaß nicht dokumentiert.

Zu d): Die Untersuchung des Rh-Merkmals D erfolgt mit mindestens zwei verschiedenen Testreagenzien. Für die Untersuchung wird die Anwendung zweier monoklonaler Antikörper (IgM-Typ), die die Kate-

---

[*]   Zulassung der Reagenzien durch das Bundesamt für Sera und Impfstoffe (Paul-Ehrlich-Institut), Frankfurt
[*]   Zulassung der Reagenzien durch das Bundesamt für Sera und Impfstoffe (Paul-Ehrlich-Institut), Frankfurt

gorie D^{VI} nicht erfassen, empfohlen. Bei negativem Ergebnis beider Testansätze gilt die Schwangere als Rh negativ (D negativ). Bei übereinstimmend positivem Ergebnis der beiden Testansätze ist die Schwangere Rh positiv. Bei Diskrepanzen oder schwach positiven Ergebnissen der Testansätze ist eine Klärung z. B. im indirekten Antiglobulintest mit geeigneten Testreagenzien notwendig. Fällt dieser Test positiv aus, so ist die Schwangere Rh positiv (D^{weak} positiv).

Die Bestimmung der Blutgruppe und des Rh-Faktors entfällt, wenn entsprechende Untersuchungsergebnisse bereits vorliegen und von einem Arzt bescheinigt wurden.

Zu e): Der Antikörpersuchtest wird mittels des indirekten Antiglobulintests gegen zwei Test-Blutmuster mit den Antigenen D, C, c, E, e, Kell, Fy und S durchgeführt. Bei Nachweis von Antikörpern sollen möglichst aus derselben Blutprobe deren Spezifität und Titerhöhe bestimmt werden.

Gegebenenfalls müssen in solchen Fällen auch das Blut des Kindesvaters und die Bestimmung weiterer Blutgruppen-Antigene der Mutter in die Untersuchung einbezogen werden. Eine schriftliche Erläuterung der Befunde an den überweisenden Arzt kann sich dabei als notwendig erweisen.

Auch nicht zum Morbus haemolyticus neonatorum führende Antikörper (IgM und/oder Kälte-Antikörper) sind in den Mutterpaß einzutragen, da sie gegebenenfalls bei einer Bluttransfusion für die Schwangere wichtig sein können.

2. Ein weiterer Antikörper-Suchtest ist bei allen Schwangeren (Rh-positiven und Rh-negativen) in der 24.–27. Schwangerschaftswoche durchzuführen. Sind bei Rh-negativen Schwangeren keine Anti-D-Antikörper nachweisbar, so soll in der 28.–30. Schwangerschaftswoche eine Standarddosis (um 300 μg) Anti-D-Immunglobulin injiziert werden, um möglichst bis zur Geburt eine Sensibilisierung der Schwangeren zu verhindern. Das Datum der präpartalen Anti-D-Prophylaxe ist im Mutterpaß zu vermerken.

3. Bei allen Schwangeren ist nach der 32. Schwangerschaftswoche, möglichst nahe am Geburtstermin, das Blut auf HBsAg[*] zu untersuchen. Dabei ist eine immunchemische Untersuchungsmethode zu verwenden, die mindestens 5 ng/ml HBsAg nachzuweisen in der Lage ist. Ist das Ergebnis positiv, soll das Neugeborene unmittelbar post partum gegen Hepatitis B aktiv/passiv immunisiert werden.

Die Untersuchung auf HBsAg entfällt, wenn Immunität (z. B. nach Schutzimpfung) nachgewiesen ist.

---

[*]   HBsAg = Hepatitis B surface antigen

D. Blutgruppenserologische Untersuchungen nach Geburt oder Fehlgeburt und Anti-D-Immunglobulin-Prophylaxe

1. Bei jedem Kind einer Rh-negativen Mutter ist unmittelbar nach der Geburt der Rh-Faktor D unter Beachtung der Ergebnisse des direkten Coombstests zu bestimmen. Ist dieser Rh-Faktor positiv (D+) oder liegt D-weak vor, so ist aus derselben Blutprobe auch die Blutgruppe des Kindes zu bestimmen. Bei Rh-positivem Kind ist bei der Rh-negativen Mutter eine weitere Standarddosis Anti-D-Immunglobulin (µm 300 mg) innerhalb von 72 Stunden post partum zu applizieren, selbst wenn nach der Geburt schwach reagierende Rh-Antikörper bei der Mutter gefunden worden sind und/oder der direkte Coombstest beim Kind schwach positiv ist. Hierdurch soll ein schneller Abbau der insbesondere während der Geburt in den mütterlichen Kreislauf übergetretenen Rh-positiven Erythrozyten bewirkt werden, um die Bildung von Rh-Antikörpern bei der Mutter zu verhindern.

2. Rh-negativen Frauen mit Fehlgeburt bzw. Schwangerschaftsabbruch sollte so bald wie möglich, jedoch innerhalb 72 Stunden post abortum bzw. nach Schwangerschaftsabbruch, Anti-D-Immunglobulin injiziert werden. Entsprechende blutgruppenserologische Untersuchungen sind erforderlichenfalls durchzuführen.

E. Voraussetzungen für die Durchführung serologischer Untersuchungen

Die serologischen Untersuchungen nach den Abschnitten C. und D. sollen nur von solchen Ärzten durchgeführt werden, die über die entsprechenden Kenntnisse und Einrichtungen verfügen. Dieselben Voraussetzungen gelten für Untersuchungen in Instituten.

F. Untersuchungen und Beratungen der Wöchnerin

1. Eine Untersuchung soll innerhalb der ersten Woche nach der Entbindung vorgenommen werden. Dabei soll das Hämoglobin bestimmt werden.

2. Eine weitere Untersuchung soll etwa sechs Wochen, spätestens jedoch acht Wochen nach der Entbindung durchgeführt werden. Die Untersuchung umfaßt:
Allgemeinuntersuchung (falls erforderlich einschließlich Hb- Bestimmung),
Feststellung des gynäkologischen Befundes,
Blutdruckmessung,
Untersuchung des Mittelstrahlurins auf Eiweiß, Zucker und Sediment, gegebenenfalls bakteriologische Untersuchungen (z. B. bei auffälliger Anamnese,
Blutdruckerhöhung, Sedimentbefund) sowie Beratung der Mutter.

G. Medikamentöse Maßnahmen und Verordnung von Verband- und Heilmitteln

Medikamentöse Maßnahmen sowie die Verordnung von Verband- und Heilmitteln sind im Rahmen der Mutterschaftsvorsorge nur zulässig zur Behandlung von Beschwerden, die schwangerschaftsbedingt sind, aber noch keinen Krankheitswert haben. Bei Verordnungen wegen Schwangerschaftsbeschwerden und im Zusammenhang mit der Entbindung ist die Versicherte von der Entrichtung der Verordnungsblattgebühr befreit.

H. Aufzeichnungen und Bescheinigungen

1. Nach Feststellung der Schwangerschaft stellt der Arzt der Schwangeren einen Mutterpaß (Anlage 3)* aus, sofern sie nicht bereits einen Paß dieses Musters besitzt.

2. Nach diesem Mutterpaß richten sich auch die vom Arzt vorzunehmenden Eintragungen der Ergebnisse der Untersuchungen im Rahmen der ärztlichen Betreuung während der Schwangerschaft und nach der Entbindung. Darüber hinausgehende für die Schwangerschaft relevante Untersuchungsergebnisse sollen in den Mutterpaß eingetragen werden, soweit die Eintragung durch die Richtlinien nicht ausgeschlossen ist (Lues-Suchreaktion, AIDS-Beratung sowie HIV-Untersuchung).

3. Die Befunde der ärztlichen Betreuung und der blutgruppenserologischen Untersuchungen hält der Arzt für seine Patientenkartei fest und stellt sie bei eventuellem Arztwechsel dem anderen Arzt auf dessen Anforderung zur Verfügung, sofern die Schwangere zustimmt.

4. Beim Anlegen eines weiteren Mutterpasses sind die Blutgruppenbefunde zu übertragen. Die Richtigkeit der Übertragung ist ärztlich zu bescheinigen.

5. Der Arbeitsausschuß „Mutterschafts-Richtlinien" des Bundesausschusses der Ärzte und Krankenkassen ist berechtigt, Änderungen am Mutterpaß vorzunehmen, deren Notwendigkeit sich aus der praktischen Anwendung ergibt, soweit dadurch der Mutterpaß nicht in seinem Aufbau und in seinem wesentlichen Inhalt verändert wird.

I. Inkrafttreten

Die Richtlinien treten am 28. März 1986 in Kraft.
Köln, den 10. Dezember 1985
Bundesausschuß der Ärzte und Krankenkassen
Der Vorsitzende

Anlage 1 (a–d) (zu den Abschnitten A. Nr. 5 und B. Nr. 4 der Mutterschafts-Richtlinien)

Ultraschall-Untersuchungen in der Schwangerschaft (Sonographie)

Es gilt die Anlage 1 der Mutterschafts-Richtlinien in der Fassung vom 22. November 1994 zuzüglich der Änderungen vom 8. Mai 1995 und 17. Dezember 1996.

Anlage 1 a (zu Abschnitt A. Nr. 5 der Mutterschafts-Richtlinien)

Ultraschall-Screening in der Schwangerschaft
Die nachfolgend aufgeführten Befunde sind mittels B-Mode-Verfahren im jeweiligen Zeitraum zu erheben. Dabei ist die jeweilige Bilddokumentation durchzuführen.

---

* Auf einen Abdruck wurde verzichtet.

1. Untersuchung von Beginn der 9. bis zum Ende der 12. SSW

Intrauteriner Sitz:	ja/nein
Embryo darstellbar:	ja/nein
V.a. Mehrlingsschwangerschaft:	ja/nein
Herzaktion:	ja/nein

Biometrie I (ein Maß):
- Scheitelsteißlänge (SSL)
  oder: Biparietaler Durchmesser (BPD)
- Zeitgerechte Entwicklung: ja/nein/kontrollbedürftig
- Auffälligkeiten: ja/nein/kontrollbedürftig
- Weiterführende Untersuchung veranlaßt: ja/nein

Bilddokumentation der Biometrie und gegebenenfalls kontrollbedürftiger Befunde

2. Untersuchung von Beginn der 19. bis zum Ende der 22. SSW

Einlingsschwangerschaft:	ja/nein
Lebenszeichen:	ja/nein

Biometrie II (4 Maße):
- Biparietaler Durchmesser (BPD)
- Fronto-okzipitaler Durchmesser (FOD)
  oder: Kopfumfang (KU)
- Abdomen/Thorax-quer-Durchmesser (ATD)
  oder: Abdomen/Thorax-a.p.-Durchmesser (APD)
  oder: Abdomen/Thorax-Umfang (AU)
- Femurlänge (FL)
  oder: Humeruslänge (HL)
- Zeitgerechte Entwicklung: ja/nein/kontrollbedürftig

Hinweiszeichen für Entwicklungsstörungen hinsichtlich:
- Fruchtwassermenge   ja/nein/kontrollbedürftig
- körperlicher Entwicklung   ja/nein/kontrollbedürftig
- Körperumriß   ja/nein/kontrollbedürftig
- fetaler Strukturen   ja/nein/kontrollbedürftig
- Herzaktion   ja/nein/kontrollbedürftig
- Bewegungen   ja/nein/kontrollbedürftig
- Plazentalokalisation und -struktur: normal/kontrollbedürftig
- Weiterführende Untersuchung veranlaßt: ja/nein

Bilddokumentation je eines Kopf-, Rumpf- und Extremitätenmaßes sowie gegebenenfalls kontrollbedürftiger Befunde

3. Untersuchung von Beginn der 29. bis zum Ende der 32. SSW

Einlingsschwangerschaft:	ja/nein
Lebenszeichen:	ja/nein

Kindslage:

Biometrie III (4 Maße):
- Biparietaler Durchmesser (BPD)
- Fronto-okzipitaler Durchmesser (FOD)
  oder: Kopfumfang (KU)
- Abdomen/Thorax-quer-Durchmesser (ATD)

oder: Abdomen/Thorax-a.p.-Durchmesser (APD)
oder: Abdomen/Thorax-Umfang (AU)
– Femurlänge (FL)
  oder: Humeruslänge (HL)
Zeitgerechte Entwicklung: ja/nein/kontrollbedürftig
Kontrolle der Hinweiszeichen für Entwicklungsstörungen gemäß dem
2. Screening
Plazentalokalisation und -struktur: normal/kontrollbedürf-
                                             tig
Weiterführende Untersuchung veranlaßt: ja/nein

Bilddokumentation je eines Kopf-, Rumpf- und Extremitätenmaßes sowie gegebenenfalls kontrollbedürftiger Befunde

Anlage 1 b (zu den Abschnitten A. Nr. 5 und B. Nr. 4 der Mutterschafts-Richtlinien)

Über die in Anlage 1 a genannten Screening-Untersuchungen hinaus können bei Vorliegen einer der nachfolgend angeführten Indikationen weitere sonographische Untersuchungen zur Überwachung der Schwangerschaft angezeigt sein, die als Kontrolluntersuchungen Bestandteil des Screening sind.
1. Sicherung des Schwangerschaftsalters bei
   – unklarer Regelanamnese
   – Diskrepanz zwischen Uterusgröße und berechnetem Gestationsalter aufgrund des klinischen oder sonographischen Befundes
   – fehlenden Untersuchungsergebnissen aus dem Ultraschall-Screening bei Übernahme der Mutterschaftsvorsorge durch einen anderen Arzt
2. Kontrolle des fetalen Wachstums bei
   – Schwangeren mit einer Erkrankung, die zu Entwicklungsstörungen des Feten führen kann,
   – Verdacht auf Entwicklungsstörung des Feten aufgrund vorausgegangener Untersuchungen
3. Überwachung einer Mehrlingsschwangerschaft
4. Neu- oder Nachbeurteilung des Schwangerschaftsalters bei auffälligen Ergebnissen der in der Mutterschaftsvorsorge notwendigen serologischen Untersuchungen der Mutter
5. Diagnostik und Kontrolle des Plazentasitzes bei vermuteter oder nachgewiesener Plazenta praevia
6. Erstmaliges Auftreten einer uterinen Blutung
7. Verdacht auf intrauterinen Fruchttod
8. Verdacht auf Lageanomalie ab Beginn der 36. SSW.

Anlage 1 c (zu Abschnitt B. Nr. 4 der Mutterschafts-Richtlinien)

Über die in Anlage 1 a und 1 b genannten Untersuchungen hinaus können weitere Ultraschall-Untersuchungen mittels B-Mode oder auch mit anderen sonographischen Verfahren angezeigt sein, wenn sie der Abklärung und/oder Überwachung von pathologischen Befunden dienen und eine der nachfolgend aufgeführten Indikationen vorliegt. Diese Untersuchungen gehören zwar zum Programm der Mutterschaftsvorsorge, sind aber nicht mehr Bestandteil des Screening.

I.*

1. Rezidivierende oder persistierende uterine Blutung
2. Gestörte intrauterine Frühschwangerschaft
3. Frühschwangerschaft bei liegendem IUP, Uterus myomatosus, Adnextumor
4. Nachkontrolle intrauteriner Eingriffe
5. Cervixmessung mittels Ultraschall bei Cervixinsuffizienz oder Verdacht
6. Bestätigter vorzeitiger Blasensprung und/oder vorzeitige Wehentätigkeit
7. Kontrolle und gegebenenfalls Verlaufsbeobachtung nach Bestätigung einer bestehenden Anomalie oder Erkrankung des Fetus
8. Verdacht auf vorzeitige Plazentalösung
9. Ultraschall-Kontrollen bei gestörtem Geburtsverlauf z. B. vor, während und nach äußerer Wendung aus Beckenend- oder Querlage in Schädellage.

II.*

1. Durchführung intrauteriner Eingriffe wie Amniocentese, Chorionzottenbiopsie, Fetalblutgewinnung, Körperhöhlen- oder Gefäßpunktionen, Fruchtwasserersatz-Auffüllungen, Transfusionen, Anlegen von Shunts, Fetoskopie
2. Gezielte Ausschlußdiagnostik bei erhöhtem Risiko für Fehlbildungen oder Erkrankungen des Fetus aufgrund von
   a) ultraschalldiagnostischen Hinweisen
   b) laborchemischen Befunden
   c) genetisch bedingten oder familiär gehäuften Erkrankungen oder Fehlbildungen in der Familienanamnese
   d) teratogenen Noxen
   oder als Alternative zur invasiven pränatalen Diagnostik.

---

*   Für die Durchführung der unter I. angeführten Ultraschalluntersuchungen ist die Erfüllung der Anforderungen gemäß Abschnitt 11.1 der Ultraschall-Vereinbarung Voraussetzung, für die unter II. angeführten Ultraschalluntersuchungen sind die Anforderungen nach Abschnitt 11.2 der Ultraschall-Vereinbarung zu erfüllen.
*   Für die Durchführung der unter I. angeführten Ultraschalluntersuchungen ist die Erfüllung der Anforderungen gemäß Abschnitt 11.1 der Ultraschall-Vereinbarung Voraussetzung, für die unter II. angeführten Ultraschalluntersuchungen sind die Anforderungen nach Abschnitt 11.2 der Ultraschall-Vereinbarung zu erfüllen.

Anlage 1 d (zu Abschnitt B. Nr. 4 der Mutterschafts-Richtlinien)

Dopplersonographische Untersuchungen

Die Anwendung der Dopplersonographie als Maßnahme der Mutterschaftsvorsorge ist nur bei einer oder mehreren der nachfolgend aufgeführten Indikationen und – mit Ausnahme der Fehlbildungsdiagnostik – nur in der zweiten Schwangerschaftshälfte zulässig.
1. Verdacht auf intrauterine Wachstumsretardierung
2. Schwangerschaftsinduzierte Hypertonie/Präeklampsie/Eklampsie
3. Zustand nach Mangelgeburt/intrauterinem Fruchttod
4. Zustand nach Präeklampsie/Eklampsie
5. Auffälligkeiten der fetalen Herzfrequenzregistrierung
6. Begründeter Verdacht auf Fehlbildung/fetale Erkrankung
7. Mehrlingsschwangerschaft bei diskordantem Wachstum
8. Abklärung bei Verdacht auf Herzfehler/Herzerkrankungen.

Anlage 2 (zu Abschnitt B. Nr. 4 c der Mutterschafts-Richtlinien)

Indikationen zur Kardiotokographie (CTG) während der Schwangerschaft

Die Kardiotokographie ist im Rahmen der Schwangerenvorsorge nur angezeigt, wenn eine der nachfolgend aufgeführten Indikationen vorliegt:

A. Indikationen zur erstmaligen CTG
– in der 26. und 27. Schwangerschaftswoche drohende Frühgeburt
– ab der 28. Schwangerschaftswoche
  a) Auskultatorisch festgestellte Herztonalterationen
  b) Verdacht auf vorzeitige Wehentätigkeit.

B. Indikationen zur CTG-Wiederholung
CTG-Alterationen
a) Anhaltende Tachykardie (> 160/Minute)
b) Bradykardie (< 100/Minute)
c) Dezeleration(en) (auch wiederholter Dip null)
d) Hypooszillation, Anoszillation
e) Kardiotokogramm-Befund bei Verdacht auf vorzeitige Wehentätigkeit
f) Mehrlinge
g) Intrauteriner Fruchttod bei früherer Schwangerschaft
h) Verdacht auf Placenta-Insuffizienz nach klinischem oder biochemischem Befund
i) Verdacht auf Übertragung
j) Uterine Blutung

Medikamentöse Wehenhemmung

Sozialgesetzbuch V – Auszüge

§ 13 Kostenerstattung

(1) Die Krankenkasse darf anstelle der Sach- oder Dienstleistung (§ 2 Abs. 2) Kosten nur erstatten, soweit es dieses Buch vorsieht.
(2) Freiwillige Mitglieder sowie ihre nach § 10 versicherten Familienangehörigen können für die Dauer der freiwilligen Versicherung

anstelle der Sach- oder Dienstleistung Kostenerstattung wählen. Es dürfen nur die im Vierten Kapitel genannten Leistungserbringer in Anspruch genommen werden. Die Inanspruchnahme von Leistungserbringern nach §95b Abs. 3 Satz 1 im Wege der Kostenerstattung ist ausgeschlossen. Anspruch auf Erstattung besteht höchstens in Höhe der Vergütung, die die Krankenkasse bei Erbringung als Sachleistung zu tragen hätte. Die Satzung hat das Verfahren der Kostenerstattung zu regeln. Sie hat dabei ausreichende Abschläge vom Erstattungsbetrag für Verwaltungskosten und fehlende Wirtschaftlichkeitsprüfungen vorzusehen und eine bestimmte Mindestzeit festzulegen, für deren Dauer die Versicherten an die Wahl der Kostenerstattung gebunden sind.

(3) Konnte die Krankenkasse eine unaufschiebbare Leistung nicht rechtzeitig erbringen oder hat sie eine Leistung zu Unrecht abgelehnt und sind dadurch Versicherten für die selbstbeschaffte Leistung Kosten entstanden, sind diese von der Krankenkasse in der entstandenen Höhe zu erstatten, soweit die Leistung notwendig war.

(4) (weggefallen)

§37 Häusliche Krankenpflege

(1) Versicherte erhalten in ihrem Haushalt oder ihrer Familie neben der ärztlichen Behandlung häusliche Krankenpflege durch geeignete Pflegekräfte, wenn Krankenhausbehandlung geboten, aber nicht ausführbar ist, oder wenn sie durch die häusliche Krankenpflege vermieden oder verkürzt wird. Die häusliche Krankenpflege umfasst die im Einzelfall erforderliche Grund- und Behandlungspflege sowie hauswirtschaftliche Versorgung. Der Anspruch besteht bis zu vier Wochen je Krankheitsfall. In begründeten Ausnahmefällen kann die Krankenkasse die häusliche Krankenpflege für einen längeren Zeitraum bewilligen, wenn der Medizinische Dienst (§275) festgestellt hat, dass dies aus den in Satz 1 genannten Gründen erforderlich ist.

(2) Versicherte erhalten in ihrem Haushalt oder ihrer Familie als häusliche Krankenpflege Behandlungspflege, wenn sie zur Sicherung des Ziels der ärztlichen Behandlung erforderlich ist. Die Satzung kann bestimmen, dass die Krankenkasse zusätzlich zur Behandlungspflege nach Satz 1 als häusliche Krankenpflege auch Grundpflege und hauswirtschaftliche Versorgung erbringt. Die Satzung kann dabei Dauer und Umfang der Grundpflege und der hauswirtschaftlichen Versorgung nach Satz 2 bestimmen. Leistungen nach den Sätzen 2 und 3 sind nach Eintritt von Pflegebedürftigkeit im Sinne des Elften Buches nicht zulässig.

(3) Der Anspruch auf häusliche Krankenpflege besteht nur, soweit eine im Haushalt lebende Person den Kranken in dem erforderlichen Umfang nicht pflegen und versorgen kann.

(4) Kann die Krankenkasse keine Kraft für die häusliche Krankenpflege stellen oder besteht Grund, davon abzusehen, sind den Versicherten die Kosten für eine selbstbeschaffte Kraft in angemessener Höhe zu erstatten.

§ 39 Krankenhaus-behandlung

(1) Die Krankenhausbehandlung wird vollstationär, teilstationär, vor- und nachstationär (§ 115a) sowie ambulant (§ 115b) erbracht. Versicherte haben Anspruch auf vollstationäre Behandlung in einem zugelassenen Krankenhaus (§ 108), wenn die Aufnahme nach Prüfung durch das Krankenhaus erforderlich ist, weil das Behandlungsziel nicht durch teilstationäre, vor- und nachstationäre oder ambulante Behandlung einschließlich häuslicher Krankenpflege erreicht werden kann. Die Krankenhausbehandlung umfasst im Rahmen des Versorgungsauftrags des Krankenhauses alle Leistungen, die im Einzelfall nach Art und Schwere der Krankheit für die medizinische Versorgung der Versicherten im Krankenhaus notwendig sind, insbesondere ärztliche Behandlung (§ 28 Abs. 1), Krankenpflege, Versorgung mit Arznei-, Heil- und Hilfsmitteln, Unterkunft und Verpflegung.

(2) Wählen Versicherte ohne zwingenden Grund ein anderes als ein in der ärztlichen Einweisung genanntes Krankenhaus, können ihnen die Mehrkosten ganz oder teilweise auferlegt werden.

(3) ...

§ 70 Qualität, Humanität und Wirtschaftlichkeit

(1) Die Krankenkassen und die Leistungserbringer haben eine bedarfsgerechte und gleichmäßige, dem allgemein anerkannten Stand der medizinischen Erkenntnisse entsprechende Versorgung der Versicherten zu gewährleisten. Die Versorgung der Versicherten muss ausreichend und zweckmäßig sein, darf das Maß des Notwendigen nicht überschreiten und muss in der fachlich gebotenen Qualität sowie wirtschaftlich erbracht werden.

(2) Die Krankenkassen und die Leistungserbringer haben durch geeignete Maßnahmen auf eine humane Krankenbehandlung ihrer Versicherten hinzuwirken.

§ 134 Vergütung von Hebammen-leistungen

(1) Der Bundesminister für Gesundheit bestimmt durch Rechtsverordnung mit Zustimmung des Bundesrates die Vergütungen für die Leistungen der freiberuflich tätigen Hebammen und Entbindungspfleger, soweit diese Leistungen von der Leistungspflicht der Krankenversicherung umfaßt sind. In der Verordnung sind auch die Einzelheiten der Vergütungsabrechnung durch die Krankenkasse zu regeln.

(2) Die Spitzenverbände der Krankenkassen und die Berufsorganisationen der Hebammen und Entbindungspfleger sind vor der Vergütungsfestsetzung zu hören.

Sozialgesetzbuch IV – Auszüge

§ 8 Geringfügige Beschäftigung und geringfügige selbstständige Tätigkeit

(1) Eine geringfügige Beschäftigung liegt vor, wenn
1. die Beschäftigung regelmäßig weniger als fünfzehn Stunden in der Woche ausgeübt wird und das Arbeitsentgelt regelmäßig im Monat 630 Deutsche Mark nicht übersteigt,
2. die Beschäftigung innerhalb eines Jahres seit ihrem Beginn auf längstens zwei Monate oder 50 Arbeitstage nach ihrer Eigenart

begrenzt zu sein pflegt oder im voraus vertraglich begrenzt ist, es sei denn, dass die Beschäftigung berufsmäßig ausgeübt wird und ihr Entgelt 630 Deutsche Mark im Monat übersteigt.

(2) Bei der Anwendung des Absatzes 1 sind mehrere geringfügige Beschäftigungen nach Nummer 1 oder Nummer 2 sowie geringfügige Beschäftigungen nach Nummer 1 und nicht geringfügige Beschäftigungen zusammenzurechnen. Eine geringfügige Beschäftigung liegt nicht mehr vor, sobald die Voraussetzungen des Absatzes 1 entfallen.

(3) Die Absätze 1 und 2 gelten entsprechend, soweit anstelle einer Beschäftigung eine selbständige Tätigkeit ausgeübt wird. Dies gilt nicht für das Recht der Arbeitsförderung.

Sozialgesetzbuch VI

Renten-Versicherungspflicht bei der BfA

§ 2 Selbstständig Tätige

Versicherungspflichtig sind selbstständig tätige
1. Lehrer und Erzieher, die im Zusammenhang mit ihrer selbstständigen Tätigkeit keinen versicherungspflichtigen Arbeitnehmer beschäftigen,
2. Pflegepersonen, die in der Kranken-, Wochen-, Säuglings- oder Kinderpflege tätig sind und im Zusammenhang mit ihrer selbstständigen Tätigkeit keinen versicherungspflichtigen Arbeitnehmer beschäftigen,
3. Hebammen und Entbindungspfleger,

Strafgesetzbuch (StGB)

Schweigepflicht

§ 203 Verletzung von Privatgeheimnissen

(1) Wer unbefugt ein fremdes Geheimnis, namentlich ein zum persönlichen Lebensbereich gehörendes Geheimnis oder ein Betriebs- oder Geschäftsgeheimnis, offenbart, das ihm als
1. Arzt, Zahnarzt, Tierarzt, Apotheker oder Angehörigen eines anderen Heilberufs, der für die Berufsausübung oder die Führung der Berufsbezeichnung eine staatlich geregelte Ausbildung erfordert,
2. Berufspsychologen mit staatlich anerkannter wissenschaftlicher Abschlussprüfung,
3. Rechtsanwalt, Patentanwalt, Notar, Verteidiger in einem gesetzlich geordneten Verfahren, Wirtschaftsprüfer, vereidigtem Buchprüfer, Steuerberater, Steuerbevollmächtigten oder Organ oder Mitglied eines Organs einer Rechtsanwalts-, Patentanwalts-, Wirtschaftsprüfungs-, Buchprüfungs- oder Steuerberatungsgesellschaft,
4. Ehe-, Familien-, Erziehungs- oder Jugendberater sowie Berater für Suchtfragen in einer Beratungsstelle, die von einer Behörde oder Körperschaft, Anstalt oder Stiftung des öffentlichen Rechts anerkannt ist.
4a. Mitglied oder Beauftragten einer anerkannten Beratungsstelle nach den § 3 und 8 des Schwangerschaftskonfliktgesetzes,

5. staatlich anerkanntem Sozialarbeiter oder staatlich anerkanntem Sozialpädagogen oder

6. Angehörigen eines Unternehmens der privaten Kranken-, Unfall- oder Lebensversicherung oder einer privatärztlichen Verrechnungsstelle anvertraut worden oder sonst bekannt geworden ist, wird mit Freiheitsstrafe bis zu einem Jahr oder mit Geldstrafe bestraft.

(2) Ebenso wird bestraft, wer unbefugt ein fremdes Geheimnis, namentlich ein zum persönlichen Lebensbereich gehörendes Geheimnis oder ein Betriebs- oder Geschäftsgeheimnis, offenbart, das ihm als

1. Amtsträger,

2. für den öffentlichen Dienst besonders Verpflichteten,

3. Person, die Aufgaben oder Befugnisse nach dem Personalvertretungsrecht wahrnimmt,

4. Mitglied eines für ein Gesetzgebungsorgan des Bundes oder eines Landes tätigen Untersuchungsausschusses, sonstigen Ausschusses oder Rates, das nicht selbst Mitglied des Gesetzgebungsorgans ist, oder als Hilfskraft eines solchen Ausschusses oder Rates,

5. öffentlich bestelltem Sachverständigen, der auf die gewissenhafte Erfüllung seiner Obliegenheiten auf Grund eines Gesetzes förmlich verpflichtet worden ist, oder

6. Person, die auf die gewissenhafte Erfüllung ihrer Geheimhaltungspflicht bei der Durchführung wissenschaftlicher Forschungsvorhaben auf Grund eines Gesetzes förmlich verpflichtet worden ist, anvertraut worden oder sonst bekannt geworden ist. Einem Geheimnis im Sinne des Satzes 1 stehen Einzelangaben über persönliche oder sachliche Verhältnisse eines anderen gleich, die für Aufgaben der öffentlichen Verwaltung erfasst worden sind; Satz 1 ist jedoch nicht anzuwenden, soweit solche Einzelangaben anderen Behörden oder sonstigen Stellen für Aufgaben der öffentlichen Verwaltung bekannt gegeben werden und das Gesetz dies nicht untersagt.

(3) Einem in Absatz 1 Nr. 3 genannten Rechtsanwalt stehen andere Mitglieder einer Rechtsanwaltskammer gleich. Den in Absatz 1 und Satz 1 Genannten stehen ihre berufsmäßig tätigen Gehilfen und die Personen gleich, die bei ihnen zur Vorbereitung auf den Beruf tätig sind. Den in Absatz 1 und den in Satz 1 und 2 Genannten steht nach dem Tod des zur Wahrung des Geheimnisses Verpflichteten ferner gleich, wer das Geheimnis von dem Verstorbenen oder aus dessen Nachlass erlangt hat.

(4) Die Absätze 1 bis 3 sind auch anzuwenden, wenn der Täter das fremde Geheimnis nach dem Tod des Betroffenen unbefugt offenbart.

(5) Handelt der Täter gegen Entgelt oder in der Absicht, sich oder einen anderen zu bereichern oder einen anderen zu schädigen, so ist die Strafe Freiheitsstrafe bis zu zwei Jahren oder Geldstrafe.

§ 204 Verwertung fremder Geheimnisse

(1) Wer unbefugt ein fremdes Geheimnis, namentlich ein Betriebs- oder Geschäftsgeheimnis, zu dessen Geheimhaltung er nach § 203 verpflichtet ist, verwertet, wird mit Freiheitsstrafe bis zu zwei Jahren oder mit Geldstrafe bestraft.

(2) § 203 Abs. 4 gilt entsprechend.

Körperverletzung und fahrlässige Tötung

§222 Fahrlässige Tötung

Wer durch Fahrlässigkeit den Tod eines Menschen verursacht, wird mit Freiheitsstrafe bis zu fünf Jahren oder mit Geldstrafe bestraft.

§223 Körperverletzung

(1) Wer eine andere Person körperlich misshandelt oder an der Gesundheit schädigt, wird mit Freiheitsstrafe bis zu fünf Jahren oder mit Geldstrafe bestraft.
(2) Der Versuch ist strafbar.

§230 Strafantrag

(1) Die vorsätzliche Körperverletzung nach §223 und die fahrlässige Körperverletzung nach §229 werden nur auf Antrag verfolgt, es sei denn, dass die Strafverfolgungsbehörde wegen des besonderen öffentlichen Interesses an der Strafverfolgung ein Einschreiten von Amts wegen für geboten hält. Stirbt die verletzte Person, so geht bei vorsätzlicher Körperverletzung das Antragsrecht nach §77 Abs. 2 auf die Angehörigen über.
(2) Ist die Tat gegen einen Amtsträger, einen für den öffentlichen Dienst besonders Verpflichteten oder einen Soldaten der Bundeswehr während der Ausübung seines Dienstes oder in Beziehung auf seinen Dienst begangen, so wird sie auch auf Antrag des Dienstvorgesetzten verfolgt. Dasselbe gilt für Träger von Ämtern der Kirchen und anderen Religionsgesellschaften des öffentlichen Rechts.

§323c Unterlassene Hilfeleistung

Wer bei Unglücksfällen oder gemeiner Gefahr oder Not nicht Hilfe leistet, obwohl dies erforderlich und ihm den Umständen nach zuzumuten, insbesondere ohne erhebliche eigene Gefahr und ohne Verletzung anderer wichtiger Pflichten möglich ist, wird mit Freiheitsstrafe bis zu einem Jahr oder mit Geldstrafe bestraft.

Personenstandgesetz (PstG) – Auszüge

§16 Anzeigepflicht

Die Geburt eines Kindes muss dem Standesbeamten, in dessen Bezirk es geboren ist, binnen einer Woche angezeigt werden. Ist ein Kind totgeboren oder in der Geburt verstorben, so muss die Anzeige spätestens am folgenden Werktag erstattet werden.

§17 Anzeigepflichtige, Form der Anzeige

(1) Zur Anzeige sind, und zwar in nachstehender Reihenfolge, verpflichtet
1. der Vater des Kindes, wenn er Mitinhaber der elterlichen Sorge ist,
2. die Hebamme, die bei der Geburt zugegen war,
3. der Arzt, der dabei zugegen war,
4. jede andere Person, die dabei zugegen war oder von der Geburt aus eigener Wissenschaft unterrichtet ist,
5. die Mutter, sobald sie dazu imstande ist.

Eine Anzeigepflicht besteht nur, wenn eine in der Reihenfolge früher genannte Person nicht vorhanden oder an der Anzeige verhindert ist. (2) Die Anzeige ist mündlich zu erstatten.

§32 Anzeigepflicht   Der Tod eines Menschen muss dem Standesbeamten, in dessen Bezirk er gestorben ist, spätestens am folgenden Werktage angezeigt werden.

Bundesseuchengesetz (BSeuchG) – Auszug

Meldepflichtige Krankheiten

§1   Übertragbare Krankheiten im Sinne dieses Gesetzes sind durch Krankheitserreger verursachte Krankheiten, die unmittelbar oder mittelbar auf den Menschen übertragen werden können.

§2   Im Sinne dieses Gesetzes ist
1. krank eine Person, die an einer übertragbaren Krankheit erkrankt ist,
2. krankheitsverdächtig eine Person, bei der Erscheinungen bestehen, welche das Vorliegen einer bestimmten übertragbaren Krankheit vermuten lassen,
3. ansteckungsverdächtig eine Person, von der anzunehmen ist, dass sie Erreger einer übertragbaren Krankheit Krankheitserreger) aufgenommen hat, ohne krank, krankheitsverdächtig oder Ausscheider zu sein,
4. Ausscheider eine Person, die Krankheitserreger ausscheidet, ohne krank oder krankheitsverdächtig zu sein,
5. ausscheidungsverdächtig eine Person, von der anzunehmen ist, dass sie Krankheitserreger ausscheidet, ohne krank oder krankheitsverdächtig zu sein.

§3 Meldepflichtige Krankheiten   (1) Zu melden ist der Krankheitsverdacht, die Erkrankung sowie der Tod an
1. Botulismus,
2. Cholera,
3. Enteritis infectiosa
   a) Salmonellose,
   b) übrige Formen einschließlich mikrobiell bedingter Lebensmittelvergiftung,
4. Fleckfieber,
5. Lepra,
6. Milzbrand,
7. Ornithose,
8. Paratyphus A, B und C,
9. Pest,
10. Pocken,

11. Poliomyelitis,
12. Rückfallfieber,
13. Shigellenruhr,
14. Tollwut,
15. Tularämie,
16. Typhus abdominalis,
17. virusbedingtem hämorrhagischem Fieber.

(2) Zu melden ist die Erkrankung sowie der Tod an
1. angeborener
    a) Cytomegalie,
    b) Listeriose,
    c) Lues,
    d) Toxoplasmose,
    e) Rötelnembryopathie,
2. Brucellose,
3. Diphtherie,
4. Gelbfieber, …

§ 4 Meldepflichtige Personen

(1) Zur Meldung sind verpflichtet
1. der behandelnde oder sonst hinzugezogene Arzt, im Fall des § 3 Abs. 5 auch der Tierarzt,
2. jede sonstige mit der Behandlung oder Pflege des Betroffenen berufsmäßig beschäftigte Person,
3. die hinzugezogene Hebamme,
4. auf Seeschiffen der Kapitän,
5. die Leiter von Pflegeanstalten, Justizvollzugsanstalten, Heimen, Lagern, Sammelunterkünften und ähnlichen Einrichtungen.

(2) In Krankenhäusern oder Entbindungsheimen ist für die Einhaltung der Meldepflicht nach Absatz 1 Nr. 1 der leitende Arzt, in Krankenhäusern mit mehreren selbständigen Abteilungen der leitende Abteilungsarzt, in Krankenhäusern ohne leitenden Arzt der Behandelnde Arzt verantwortlich.

(3) Die Meldepflicht besteht für die in Absatz 1 Nr. 2 bis 5 bezeichneten Personen nur, wenn eine in der Reihenfolge des Absatzes 1 vorher genannte Person nicht vorhanden oder an der Meldung verhindert ist. Die außerhalb eines Krankenhauses oder eines Entbindungsheimes tätige Hebamme ist in jedem Falle zur Meldung verpflichtet.

§ 5 Meldung an das Gesundheitsamt

Die Meldung ist dem für den Aufenthalt des Betroffenen zuständigen Gesundheitsamt unverzüglich, spätestens innerhalb 24 Stunden nach erlangter Kenntnis zu erstatten. Dieses hat das für die Wohnung, bei mehreren Wohnungen das für die Hauptwohnung des Betroffenen zuständige Gesundheitsamt unverzüglich zu benachrichtigen, wenn die Wohnung oder Hauptwohnung im Bereich eines anderen Gesundheitsamtes liegt.

Anhang

Wichtige Adressen

Berufsverbände und Vereine

Bund Deutscher Hebammen e.V. (BDH)
Gartenstraße 26, 76133 Karlsruhe
Tel: (0721) 981 89 – 0
Fax: (0721) 981 89 – 20
E-mail: info@hebammenverband.de
Internet: www.hebammenverband.de

Bund freiberuflicher Hebammen Deutschlands e.V. (BfHD)
Clea Nuss-Troles
Am Alten Nordkanal 10, 41748 Viersen
Tel.: (02162) 35 21 49
Fax: (02162) 35 85 92
E-mail: bfhd@hebamme.de
Internet: www.bfhd.de

Netzwerk zur Förderung der Idee der Geburtshäuser
in Deutschland e.V.
Kaiser-Karl-Ring 25, 53111 Bonn
Tel.: (0228) 72 188 98
Fax: (0228) 72 188 95
E-mail: info@geburtshaus.de
Internet: www.geburtshaus.de

Gesellschaft für Qualität in der außerklinischen Geburtshilfe e.V.
(QUAG) c/o Anke Wiemer
Elisabethenstraße 1, 63579 Freigericht
Tel. und Fax: (060 55) 57 81

Hebammen Gemeinschaftshilfe e.V. (HGH)
Fortbildungsorgan des BDH
Gartenstraße 26, 76133 Karlsruhe
Tel: (0721) 3 83 18 24
Fax: (0721) 981 89 20
E-mail: Service@hgh-ev.de
Internet: www.hgh-ev.de

Für kostenlosen Eintrag

Wo bekomme ich mein Baby
Büttner Medien GmbH
Westendstraße 73, 60325 Frankfurt am Main
Tel.: (069) 75 61 90 - 0
Fax: (069) 75 61 90 - 49
E-mail: jbuettner@buemed.de
Internet : www.buemed.de

Bezugsadressen

Rigotti-Klarhorst GmbH, Verlag Hebammenforum
(Formulare und Bücher)
Muffendorfer Hauptstraße 26, 53177 Bonn
Tel.: (0228) 935 93 88
Fax: (0228) 935 93 89
E-mail: info@hebammen-forum.de
oder info@rigotti-klarhorst.de
Internet: www.hebammen-forum.de

Elwin Staude Verlag GmbH
(Formulare und Bücher)
Versandbuchhandlung
Postfach 51 06 60, 30636 Hannover
Tel.: (0511) 65 10 03
Fax: (0511) 65 17 88
E-mail: info@staudeverlag.de
Internet: www.staudeverlag.de

Versicherungen und dergleichen

Kassenärztliche Bundesvereinigung
Herbert-Lewin-Straße 3, 50931 Köln
Postfach 41 05 40
Tel.: (9221) 40 05 – 0
Fax: (0221) 40 80 39
Internet: www.kbv.de

Arbeitsgemeinschaft Institutionskennzeichen (SVI)
Alte Heerstraße 111, 5375 St. Augustin
Tel.: (02241) 231 – 12 75
Fax: (02241) 231 – 13 34

Bundesversicherungsanstalt für Angestellte (BfA)
Postfach, 10704 Berlin
Tel.: (030) 8 65 - 1
Fax: (030) 8 65 - 272 40

Berufsgenossenschaft für Wohlfahrt und Gesundheitspflege
(BGW)
Pappelallee 35/37, 22089 Hamburg
Tel.: (040) 202 07 - 0
Fax: (040) 202 07 - 529

Bundesverband unabhängiger Finanzberaterinnen für Frauen e.V.
(BUFF)
Weberstraße 92, 53113 Bonn
Tel: (0228) 242 66 45
E-mail: info@finanzexpertinnen.de
Internet: www.finanzexpertinnen.de

FrauenFinanzGruppe (FFG)
Susanne Kazemieh
Schrammsweg 15, 20249 Hamburg
Tel: (040) 46 07 33 37
Fax: (040) 40 07 33 39
E-mail: info@frauenfinanzgruppe.de
Internet: www.frauenfinanzgruppe.de

Existenzgründung Bundesministerium für Wirtschaft – Referat Öffentlichkeitsarbeit
(Information über Existenzgründungskredite)
Villemombeler Straße 76, 53123 Bonn
Tel.: (0228) 615 - 0

Bundesamt für Wirtschaft
(Zuschuss für Existenzgründungsberatung)
Frankfurter Straße 29–31, 65760 Eschborn
Tel.: (06196) 404 - 1

Deutsche Ausgleichsbank Bonn (DtA)
(Bundesförderungsprogramme auch für Heilberufe)
Ludwig-Erhard-Platz 1–3, 53170 Bonn
Tel: (0228) 83 1 - 0
Tax: (0228) 83 1 - 22 55
E-Mail: dtabonn@dta.de
Internet: www.dta.de

Industrie- und Handelskammer (IHK)
steht jeweils im örtlichen Telefonbuch

Bundessteuerberater-Kammer
(verschicken Infobroschüre über Gründungsberatung
durch den Steuerberater)
Poppelsdorfer Allee 24, 53115 Bonn
Tel: (0228) 726 39 - 27

Literatur

Verwendete Literatur

BDH e.V.: Die Hebamme im Belegsystem – was muss sein, was kann sein; zu beziehen über den BDH

BDH e.V.: Informationen zur Planung und Eröffnung einer Hebammenpraxis oder eines Geburtshauses

BDH, BfHD und Netzwerk zur Förderung der Idee der Geburtshäuser: Hebammengeleitete Geburtshilfe; Empfehlungen und Auswahlkriterien für die Wahl des Geburtsortes

BDH, BfHD und Netzwerk zur Förderung der Idee der Geburtshäuser: Leitlinien für Geburtshäuser

BfHD e.V.: Einstieg in die Freiberuflichkeit, eine Arbeitshilfe für Hebammen

Hilpert, Claudia: Wehemütter – Amtshebammen, Accoucheure und die Akademisierung der Geburtshilfe im Kurfürstlichen Mainz 1550–1800, Peter Lang 2000

Lippert, Werner: Praxishandbuch Existenzgründung, Falken

Kazemieh, Susanne: Frauen sorgen vor – Versicherungen, Rente, Steuern, Geld- und Kapitalanlage; dtv-ratgeber 1995 (vergriffen)

Kurtenbach, Hermann; Horschitz, Harald: Hebammengesetz – Gesetze über den Beruf der Hebamme und des Entbindungspflegers vom 4. Juni 1985, Elwin Staude Verlag, Hannover 1994

Siepe, Werner (Hrsg.): Existenzgründung mit Erfolg, Econ 1999

Spitzer, Beatrix: Der zweite Rosengarten, Eine Geschichte der Geburt, Elwin Staude Verlag, Hannover 1999

Wall, de Sabine; Glaubitz Dr. Michael: Schwangerenvorsorge, Hippokrates 2000

Literatur zur außerklinischen Geburtshilfe

Dangel-Vogelsang, Bärbel u.a.: Außerklinische Geburten in Hessen; Abschlussbericht zu einem Forschungsvorhaben, HLT-Report Nr.: 530; HLT Gesellschaft für Forschung Planung und Entwicklung mbH, Wiesbaden 1997

Milenović-Rüchardt, Ina; Roth, Susanna; Edlinger, Susanne: Hausgeburten – Eine Alternative zur Klinikgeburtshilfe. Eine Untersuchung bayrischer Hausgeburten aus den Jahren 1989 bis 1995; Veröffentlichung der Beratungsstelle natürliche Geburt und Eltern sein e.V. Mai 1998

Neumayer, Erika: Qualitätssicherung in der außerklinischen Geburtshilfe. Kommentierung der bundesweiten Erhebung außerklinischer Geburten 1996–1997; Herausgegeben vom BfHD und BDH, November 1998

Neumayer, Erika: Zusammenfassung der Ergebnisse der bundesweiten Erhebung von außerklinischen 1997–1998, Penaten-Infothek 2000

Neumayer, Erika: Die wichtigsten Ergebnisse der Perinatalstudie aus dem Jahr 1999; QUAG e.V.; Hebammenforum Mai 2001

Sack, Andrea; Schiefenhövel, Wulf: Analyse von 855 Hausgeburten im Münchner Raum; Curare Sonderband 8/1995

Zentrum für Qualitätsmanagement im Gesundheitswesen (Einrichtung der Ärztekammer, Niedersachsen, BDH und BfHD): Qualitätssicherung in der außerklinischen Geburtshilfe Niedersachsen – Abschlussbericht der Niedersächsischen Erhebung der außerklinischen Geburten 1995–1998, Hannover 2000

Literatur zur Transaktionsanalyse

Gührs, Manfred; Nowak, Claus: Das konstruktive Gespräch, Limmer Verlag, Meezen 1991

Hennig, Gudrun; Pelz, Georg: Transaktionsanalyse, Herder Verlag, Freiburg 1997

Meier-Winter, Thomas: Anwendung der Transaktionsanalyse, Verlag LCH, Zürich 1994

Schlegel, Leonard: Handwörterbuch der Transaktionsanalyse, Herder Verlag, Freiburg 1993

Weiterführende Literatur: eine kleine Auswahl

Alle oben aufgeführten Broschüren des BDH, des BfHD und des Netzwerkes

Beck'sche Musterverträge Band 25: die Partnergesellschaft; Verlag C.H. Beck

Bloemeke, Viresha Julia: Alles rund ums Wochenbett; Kösel

Heidelberger Musterverträge Band 83: Partnerschaftsgesellschaftsvertrag, Verlag Recht und Wirtschaft Heidelberg

Horschitz, Prof. Dr. Harald: Das Krankenkassen-Gebührenrecht der Hebamme, Elwin Staude Verlag, Hannover

Horschitz, Prof. Dr. Harald: Hebammengesetz; Elwin Staude Verlag, Hannover

Lippens, Frauke: Geburtsvorbereitung – eine Arbeitshilfe für Hebammen, Elwin Staude Verlag, Hannover

Lippert, Werner: Praxishandbuch Existenzgründung, Falken

Netzwerk zur Förderung der Idee der Geburtshäuser in Deutschland e.V.: Handbuch. Wir gründen ein Geburtshaus. Zu beziehen über das Netzwerk

Sichtermann, Barbara, Sichtermann, Marie, Siegel, Brigitte: Den Laden schmeißen – Ein Handbuch für Frauen, die sich selbständig machen wollen; Fischer-Taschenbuch-Verlag

Siepe, Werner (Hrsg.): Existenzgründung mit Erfolg – So werden Sie Ihr eigener Chef; Econ 1999

Stadelmann, Ingeborg: Die Hebammensprechstunde, Selbstverlag

Sachregister

Die Autorin

Nach dem Hebammenexamen 1981 arbeitete Bettina Salis viele Jahre als freiberufliche Hebamme in Hamburg. Ihre Arbeitsgebiete waren u.a. Hausgeburten, Wochenbettbetreuung, Geburtsvorbereitung, Schwangerenvorsorge, Schwangerenschwimmen, Tanzen für Schwangere. Sie ist Mitbegründerin des Geburtshauses Hamburg e.V.

Es folgten eine Weiterbildung zur Lehrerin für Heilpädagogischen Tanz und eine Ausbildung zur Fachzeitschriftenredakteurin.

Seit April 2000 ist Bettina Salis Redakteurin des Hebammenforum, Verbandsorgan des BDH.